AF561902

P[illegible]IÈ[illegible] RENCONTRE DU PAPE
ET DE LA RÉPUBLIQUE FRANÇAISE

BONAPARTE ET CALEPPI
A TOLENTINO

D'APRÈS LES DOCUMENTS INÉDITS DES ARCHIVES DU SAINT-SIÈGE

PAR

LE VICOMTE DE RICHEMONT

EXTRAIT DU *CORRESPONDANT*

PARIS

DE SOYE ET FILS, IMPRIMEURS

18, RUE DES FOSSÉS-SAINT-JACQUES, 18

1897

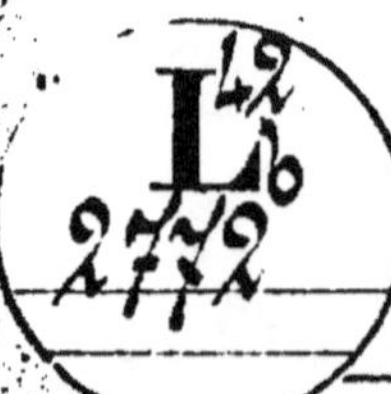

LA PREMIÈRE RENCONTRE DU PAPE

ET DE LA RÉPUBLIQUE FRANÇAISE

BONAPARTE ET CALEPPI

A TOLENTINO

LA PREMIÈRE RENCONTRE DU PAPE
ET DE LA RÉPUBLIQUE FRANÇAISE

BONAPARTE ET CALEPPI
A TOLENTINO

D'APRÈS LES DOCUMENTS INÉDITS DES ARCHIVES DU SAINT-SIÈGE

PAR

Le Vicomte de RICHEMONT

EXTRAIT DU *CORRESPONDANT*

PARIS
DE SOYE ET FILS, IMPRIMEURS
18, RUE DES FOSSÉS-SAINT-JACQUES, 18
—
1897

LA PREMIÈRE RENCONTRE

DU PAPE ET DE LA RÉPUBLIQUE FRANÇAISE

BONAPARTE ET CALEPPI A TOLENTINO

D'APRÈS LES DOCUMENTS INÉDITS DES ARCHIVES SECRÈTES DU SAINT-SIÈGE

Après avoir été, depuis le début de la Révolution française, en butte aux pires injures, brûlé en effigie, dépouillé de plusieurs provinces, le Pape voit enfin, en 1796, ses États envahis par l'armée d'Italie. Il n'avait fourni aucun prétexte à ces insultes, il ne leur oppose pas davantage de résistance; et, pour prix de ces outrages, le Directoire vient, non lui offrir, mais lui demander des réparations. C'est là toute l'histoire du traité de Tolentino. Rarement, il faut en convenir, semblable défi fut porté au bon sens en même temps qu'au bon droit; mais ce défi était soutenu par une armée partout victorieuse; aussi, tout en feignant de négocier un traité, cherchait-on surtout à imposer une loi. L'exécution, pensait-on, serait sommaire et sans doute rapide. Comment advint-il que, tout au contraire, des pourparlers furent successivement échangés à Milan, Bologne, Paris, Florence, et enfin Tolentino; et par quel concours vraiment surprenant de circonstances, les violences du Directoire et les menaces de Bonaparte furent-elles tenues en échec, pendant neuf mois entiers, par un prince sans armée et sans alliances?

Les détails de cette curieuse histoire ont déjà été recherchés, et deux écrivains contemporains[1] ont trouvé, dans les archives de France et dans celles d'Alcala, les dépêches des négociateurs français et des médiateurs espagnols. Mais ces pièces, assurément précieuses, n'ont qu'imparfaitement répondu à l'attente; trop souvent partiales, elles présentent des événements un aspect incom-

[1] L. Sciout, *le Directoire*. Paris, 1895. — L. Séché, *les Origines du Concordat*. Paris, Delagrave, 1894.

plet, partant inexact, et, en les lisant, on regrette de n'entendre guère qu'un seul témoignage dans une querelle où la violence des passions mises en jeu et l'importance des intérêts débattus rendent un contrôle doublement nécessaire. Si désirable qu'il fût, cet examen n'était jusqu'à ce jour pas possible, car aucun des papiers des négociateurs pontificaux n'était connu ni même, semblait-il, conservé.

Au cours d'études récentes dans les archives secrètes du Vatican, j'ai eu la bonne fortune de découvrir enfin, parmi des liasses non encore classées, une partie des documents qu'on croyait disparus, ce que je pourrais appeler le portefeuille du célèbre cardinal Caleppi, celui-là même que, lors de la discussion du traité, Pie VI opposa à Bonaparte. Les pièces qui s'y trouvent renfermées sont les minutes et les notes intimes du plénipotentiaire, celles qu'il écrivait pendant les séances du Consistoire, sous la dictée des cardinaux, celles aussi dont il se servit pendant les conférences contradictoires. Chargées de ratures, marquées au crayon rouge, elles ressuscitent, dans leurs palpitants détails, les scènes dont elles furent les instruments. Le cardinal les avait soigneusement étiquetées lui-même dans ses archives personnelles; après sa mort, elles furent portées aux archives du Vatican, depuis lors oubliées, et ce n'est pas sans une réelle émotion que j'ai, le premier peut-être après lui, rouvert ses dossiers. Ils m'ont paru présenter la contre-partie qui jusqu'ici manquait à cette histoire, et, sur plus d'un point, rétablir la vérité que la passion avait défigurée.

A ces récits écrits, il m'a été donné de joindre des souvenirs, pour ainsi dire vivants encore, en recueillant de la bouche du commandeur J.-B. de Rossi, d'illustre mémoire, les derniers échos d'événements dont son père, secrétaire intime de Caleppi, avait connu tous les secrets.

Peut-être estimera-t-on que ces divers témoignages apportent quelques couleurs plus vives et plus vraies au drame qui, il y a juste cent ans, mit aux prises le pontife octogénaire et le jeune vainqueur d'Arcole et de Rivoli.

I

Armistice de Bologne. — Conférences de Paris. — Le bref du 5 juillet. — Un concordat fut-il négocié en 1796?

Le 6 germinal an IV (26 mars 1796), Bonaparte prenait, au quartier général de Nice, le commandement de l'armée d'Italie. Une série rapide de victoires et de traités le rendait en quelques semaines maître de tout le pays; le roi de Sardaigne signait, le 9 floréal (28 avril), un armistice, et le 26 un traité; le 20 floréal, le duc de Parme se voyait imposer un armistice; le duc de Modène faisait également sa soumission, et, de loin, la cour de Naples demandait à traiter. Pie VI se vit donc contraint, à son tour, d'acheter la paix. Aussi, dans les derniers jours du mois de mai, envoya-t-il au-devant du général en chef, avec deux plénipotentiaires chargés de signer la convention, le chevalier d'Azara qui devait la négocier. Dès l'année précédente, par un article secret du traité du 4 thermidor, l'Espagne avait été reconnue médiatrice entre la France et le Saint-Siège, et nul assurément n'était plus capable de mener à bien cette délicate mission que son ambassadeur à Rome. Don José Nicolas d'Azara était un vieux diplomate de carrière. Accrédité près du pape Clément XIII, dès l'année 1765, et toujours depuis maintenu à son poste, il s'était initié à toutes les traditions de la chancellerie pontificale. Pendant vingt ans ami et parfois rival du cardinal de Bernis, ambassadeur du roi, il ne connaissait pas moins bien les usages de la diplomatie française. Il devait donc à merveille représenter auprès des envoyés de France les principes de la cour romaine. La renommée le rangeait parmi les plus experts de son temps, et la réputation qui le précédait devait assurer son crédit, — on l'espérait du moins, — auprès des jeunes représentants du Directoire.

Milan avait été désigné comme lieu de rencontre. Le chevalier d'Azara y arriva, le 28 mai 1796, au milieu d'une confusion dont ses lettres au cardinal secrétaire d'Etat[1] font une lamentable description. L'armée française l'occupe; quatre-vingts des notables de la ville ont été arrêtés comme otages et « la nuit passée, soixante d'entre eux viennent d'être emmenés dans seize carrosses accompagnés d'un corps de cavalerie...; les plaintes des mères, des femmes et des familles brisent le cœur... Hier, au Lazaret, une interminable procession de gens venait livrer ses armes. Leur vue a rassuré les Français, qui les ont trouvées pour la plupart rouillées et hors d'usage. Il n'y a plus maintenant une seule maison qui possède une arme, même d'apparat. Tout est réuni au Lazaret, et les Français se partagent les plus belles. Ces jours-ci on a travaillé sans relâche à fabriquer la mitraille... Hier a expiré la trêve...,

[1] Le détail de ces préliminaires est demeuré jusqu'ici inconnu; et la correspondance d'Azara avec le Pape et avec le cardinal de Zelada, à laquelle j'emprunte la plupart de ces informations, publiée à Rome dans un recueil spécial (*Spicilegio Vaticano di documenti inediti e rari*; fasc. II et III; Rome, Lœscher, 1890), n'a encore jamais, à ma connaissance, été traduite ni reproduite en France.

l'assaut sera donné à la citadelle demain... »; et le secrétaire de l'ambassadeur, Evangelisti, particulièrement ému, ajoute : « Dans toute ma vie, je n'ai traversé de jours plus tristes, plus écœurants. » Pouvait-il en être autrement, quand les représentants du Pape voyaient vendre dans les rues des calices et des ciboires encore remplis d'hosties!!! Ces dépouilles sacrilèges étaient apportées de Pavie et de Binasco que venait de saccager Saliceti, et le spoliateur était celui-là même avec lequel il fallait négocier.

« Il me reçut avec beaucoup de courtoisie et de bonnes manières », poursuit l'ambassadeur; mais la première conférence ne fut guère encourageante. Le Directoire, en effet, dont les finances étaient fort obérées, pensait trouver dans les Etats du Pape d'immenses richesses, et Cacault, agent de France à Gênes, lui écrivait qu'il pourrait tirer de Rome seule 100 à 200 millions. Aussi exigeait-il, comme condition première de tout armistice, 50 millions à titre de contribution de guerre. Azara accueillit cette demande invraisemblable par un éclat de rire, puis exposa au commissaire français la situation très précaire dans laquelle se trouvaient les Etats pontificaux, et, après une longue discussion, lui persuada d'entendre des propositions plus honnêtes. Invité alors à les mettre lui-même par écrit, il rédigea un projet de convention réduisant la contribution à 10 millions. Saliceti se récria à son tour, et l'on convint d'expédier sur-le-champ un courrier à Paris pour y demander des instructions précises. « Il faudra maintenant attendre dix ou douze jours, écrit Azara; je ne ferai pas à Votre Eminence la peinture de ce que nous voyons et souffrons, ni de la dose de patience dont nous avons besoin, car je crois que Job lui-même ne s'est pas trouvé à pareille épreuve. »

Les envoyés du Directoire prenaient plus gaiement leur parti de l'attente. « Le faste des rois n'égale pas celui de cet homme », disait l'ambassadeur en décrivant l'existence de Saliceti. Installé chez un riche Milanais, le comte Greppi, l'austère républicain usait, sans trop se faire prier, d'une large hospitalité. Il était accompagné de sa femme, de ses secrétaires et d'une garde de quarante dragons qui occupait les portiques du palais. Les écuries du comte n'avaient de chevaux que pour lui, et chaque jour il tenait aux frais de son hôte table ouverte de vingt ou trente couverts. Chaque jour aussi, il y conviait Azara et, rendu généreux sans doute par la prospérité, l'entourait d'attentions et de prévenances, ne trouvant pas de termes pour exprimer sa joie de le voir et l'assurant qu'on respecterait les Etats du Pape par considération pour le négociateur qu'il avait eu l'inestimable inspiration de choisir. Le vieux diplomate, dont les manières séduisaient à ce point le jeune commissaire, recevait avec un sourire de si galantes paroles, mais laissait aux événements le soin de les confirmer.

Autant que Saliceti, Bonaparte devait influer sur les conseils du Directoire. Azara tint donc à le voir, et, le 7 juin, il eut avec lui un long et fort curieux entretien dont il s'empressa d'instruire le Saint-Père en ces termes : « Le début fut sur un ton assez haut, mais peu à peu il s'adoucit. Il (le général) voulait avant tout, et avant même de commencer à traiter, que Votre Sainteté chassât tous les émigrés de Rome et des Etats pontificaux. Je lui ai dit en riant que ce serait le plus grand service qu'on pourrait rendre à Votre Sainteté, mais qu'elle considérerait ce fait comme une trahison à laquelle Elle ne voulait ni ne pouvait consentir, que, chef de la religion, Elle ne saurait faire moins que de donner asile et assistance aux prêtres catholiques persécutés. » Le général se plaignit que le Pape envoyât ses prêtres en France avec des brefs pour soulever le peuple. L'ambassadeur répondit que ces prêtres étaient simplement munis de pouvoirs pour absoudre les pécheurs, — chose assurément fort différente, — que nul n'ignorait les obstacles opposés à l'entrée des émigrés laïques dans les Etats pontificaux; et il ajouta enfin, avec quelque hauteur, qu'il se plaisait à espérer que ces réclamations ne visaient pas Mesdames de France, placées sous la protection de son souverain.

Sur ces divers points, les deux interlocuteurs tombèrent d'accord. Mais « le plus difficile, continue Azara, fut la demande qu'il me fit d'une bulle adressée à la France et approuvant son gouvernement. Je vis que lui-même ne comprenait pas ce qu'il me demandait et je lui dis : « Si vous vous mettez en tête, vous « autres, de faire faire au Pape la moindre chose contre le dogme « et ce qui s'y rattache, vous vous trompez, parce qu'il ne le fera « jamais. Vous pouvez vous venger en saccageant, brûlant et « détruisant Rome, Saint-Pierre, etc., mais la religion restera « debout en dépit de vous. Si, par ailleurs, vous voulez que le « Pape exhorte d'une façon générale aux bonnes mœurs et à « l'obéissance aux puissances légitimes, cela il le fera volontiers. » Il m'a paru enchanté de cette explication, ajoutant seulement qu'il ne pouvait faire cette demande au nom de son gouvernement, — et j'ai bien compris pourquoi, — mais qu'il exigeait ma parole que la chose se ferait, et je n'ai pas eu de peine à le lui promettre, puisque cela s'est déjà fait pour la Prusse, pour l'Angleterre, etc.; seulement, j'ai dit qu'il fallait me laisser retourner en conférer avec Votre Sainteté. »

Il fallait aussi connaître la réponse du gouvernement français, et les envoyés du Pape, bercés de belles promesses, se flattaient qu'elle serait favorable. « Grâces à Dieu, lit-on dans une lettre d'Azara au marquis Gnudi[1], j'ai toutes les garanties humaines que l'État ecclésiastique ne sera lésé en rien, et que l'on n'y exercera non plus aucune réquisition, si ce n'est en cas de besoin absolu. La paix se fera au prix d'un sacrifice léger; en somme, nous en sortirons avec honneur et sécurité. »

Deux semaines s'écoulent dans cette douce confiance. Enfin, le 19 juin, Azara reçoit une missive des commissaires Saliceti et Garrau l'informant que le courrier du Directoire est arrivé, et qu'ils l'attendent à Bologne pour terminer le traité. En deux heures de temps, l'ambassadeur est en route, et, voyageant sans trêve ni repos, jour et nuit, il vole au lieu du rendez-vous. Déjà en chemin, il croit remarquer des signes de désordre, mais quelle n'est pas sa douleur quand, parvenu à Bologne, il apprend que les Français occupent la ville, que l'autorité du Pape y est abolie, et le cardinal légat de Ferrare prisonnier! Il était alors minuit. Malgré l'heure tardive, il se rend aussitôt chez Saliceti et lui demande compte de ses promesses. Pour toute réponse, le commissaire lui montre les instructions formelles du Directoire. *Non possono esser più atroci e bestiali*, écrit Azara[2], avec une énergie d'expression que toute traduction affaiblirait. Dans ces conditions, déclarait-il, la chose lui semblait terminée, car il était inutile d'offrir ce qu'il était impossible de donner. On décida pourtant de s'en entretenir une fois encore avec Bonaparte et avec Garrau, avant de briser.

Le lendemain donc, l'envoyé du Pape, accompagné des deux commissaires en grande cérémonie, se rend, officiellement cette fois, chez le général, qui tout d'abord le reçoit avec infiniment de hauteur, conteste la validité de ses pouvoirs, et affirme que, décidé à ne pas traiter avec le Pape, il ne consentira à négocier avec le représentant de l'Espagne que par considération pour sa cour. Puis il lui signifie, sans autre forme de procès, qu'il demande à Rome « tout ce qu'il pourrait avoir s'il était lui-même maître du Capitole ». — « Allez le prendre vous-même alors, s'écrie Azara, car si c'est là ce que vous voulez, un traité est bien inutile. » A cette réponse, Bonaparte bondit, tempête, jure qu'il le fera, et dans sa fureur, il déchirait avec ses dents et mâchait une feuille de papier qu'il tenait à la main. Les commissaires s'efforcèrent de le calmer, et Azara, continuant à lui parler « sur un ton à lui faire voir, dit-il, qu'il n'avait pas peur », déclara qu'il allait informer son souverain du mépris avec lequel étaient traités son nom et sa

[1] *Spic. Vat.*, fasc. III, 404.

[2] Azara au cardinal de Zelada. (*Spic. Vat.*, III, 408.)

médiation. « D'ailleurs, ajouta-t-il, par les dernières lettres d'Espagne, il venait précisément d'apprendre que Sa Majesté avait fait parler en faveur du Pape par le prince de la Paix à l'ambassadeur de France, et que ce dernier s'était empressé d'écrire au Directoire exécutif... » Le général se borna à répondre que, pendant qu'on négocierait à Paris, il se chargerait bien d'emporter de Rome jusqu'aux pierres. « Il y aurait un volume à faire de toutes ces « grossièretés (*bestialità*) », conclut le négociateur, désespéré.

D'autres tristesses l'attendaient au sortir de cette orageuse conférence. Il apprit en effet que, pendant qu'il défendait avec tant d'énergie les États pontificaux, des défections se produisaient parmi ses protégés. Toutes les villes de la Romagne avaient, à l'approche de l'armée, envoyé des députés à Bologne pour offrir soumission et argent, et demander à être délivrées de la dépendance du Saint-Siège. Leur servilité était poussée à tel point que les Français eux-mêmes la raillaient, leur refusant parfois la faveur qu'ils mendiaient d'élever des arbres de la liberté et d'arborer la cocarde tricolore. Enfin, pour comble d'outrage, un des deux plénipotentiaires mêmes du Saint-Père, chargés de signer l'armistice alors en cours de négociation, François Marescalchi, prêtait devant le Sénat le serment de secouer l'autorité du Pape et de soutenir la *République de Bologne*. La trahison se glissait jusque dans la Ville éternelle, et Saliceti montra au chevalier d'Azara une pièce qu'il venait d'en recevoir. C'était l'inventaire détaillé de tout ce qu'il y avait à Rome de précieux en or, argent, bijoux, tableaux, sculptures, ainsi qu'une liste des palais et des personnes riches. « Ils avaient déjà tout dévoré dans leurs projets », et, pour mieux s'assurer de ces trésors, comptaient envoyer en France comme otages les personnages de marque, ecclésiastiques et laïques. En première ligne figuraient le duc Braschi, neveu du Pape, et le cardinal Romuald, son frère. Le Saint-Père serait dépouillé de tous ses Etats, dont les débris serviraient à récompenser ceux qui se seraient le plus docilement employés au service de la France; il lui serait accordé, s'il le désirait, de demeurer évêque salarié de Rome. On comprend l'émotion que ces communications, adroitement glissées entre deux conférences, durent inspirer aux négociateurs pontificaux. « La fureur des Français ne saurait se dépeindre, écrivait Evangelisti[1] terrorisé, car elle dépasse tout ce qu'on peut imaginer. La vengeance leur sort par les yeux; toutes leurs menaces, ils les mettront à exécution et par des moyens encore pires que ceux qu'ils annoncent. Il n'est pas

[1] Evangelisti au cardinal de Zelada, 22 juin 1796. (*Spic. vat.*, III, 410.)

humainement possible d'en faire le tableau; imaginez cependant ce qu'il peut y avoir au monde de plus sinistre et de plus désastreux. » Moins expansif, le chevalier d'Azara n'envisageait pas avec un moindre embarras les conditions dans lesquelles il lui fallait négocier : le Directoire croyait son adversaire riche, le savait faible et le voyait divisé; jamais plus belle prise ne s'offrirait à sa cupidité. Comment donc espérer obtenir sa pitié ou forcer son respect? La diplomatie seule n'opère pas souvent semblables prodiges. « Si Dieu n'y pourvoit pas par un miracle, s'exclamait Evangelisti, nous sommes tous perdus. »

Les pourparlers furent repris le 23 juin au matin, et la discussion se rouvrit sur le montant de la contribution de guerre. Les commissaires exigeaient 40 millions et, à tout moment, augmentaient la « dose ». Azara tint à sauver le trésor de Lorette, mais dut le payer un million. Si, lassé de ces exigences incessamment aggravées, il se récriait, Bonaparte lui répondait avec arrogance : « Qu'ai-je à faire de vos propositions? Les peuples eux-mêmes m'en font de supérieures! » Enfin, après avoir lutté sans relâche, défendu le terrain pied à pied, devant l'imminence du danger et l'ordre envoyé par le Directoire au général de marcher sur Rome, l'ambassadeur signa l'armistice. Les conditions, quoique adoucies, demeuraient encore fort dures : l'armée française, évacuant Ravenne, resterait à Bologne et à Ferrare, et la place d'Ancône lui serait remise avec son artillerie et ses approvisionnements. Le Pape livrerait cent tableaux et statues, notamment le buste de Brutus, et cinq cents manuscrits; il payerait à la République française 21 millions de livres à des époques déterminées.

« Le traité que j'ai fait est inique, barbare et outrageux, écrivait au Pape le négociateur désolé [1]; mais, pour l'excuser, je dirai que j'ai sauvé une planche du naufrage. La personne de Votre Sainteté, sa dignité, le Saint-Siège, la religion, le sacré collège, tous les habitants de Rome, et tout ce qui s'y trouve de sacré et de profane était irrémédiablement perdu, et l'État ecclésiastique démembré, sans qu'on pût même augurer ce qu'il deviendrait. »

L'inquiétude avait été si vive à Rome, en l'absence de nouvelles, que la seule annonce d'un armistice y fut accueillie avec soulagement. « Enfin, nous respirons donc », dit à diverses reprises le Saint-Père à Mendizabal, secrétaire de l'ambassade d'Espagne. Aussitôt, le gouvernement pontifical se mit en devoir de tenir la parole donnée. On tira du château Saint-Ange l'antique trésor que les Papes y avaient amassé et conservé sous la menace de

[1] Azara au Pape, 24 juin 1796. (*Spic. vat.*, III, 422.)

terribles excommunications pour le cas de calamités, et, comme ces ressources étaient fort insuffisantes, ordre fut donné à toutes les églises des Etats pontificaux de livrer leurs objets d'or et d'argent, aux citoyens de remettre à la Trésorerie la liste complète des métaux précieux qu'ils possédaient. Enfin, le banquier Torlonia et plusieurs autres émissaires durent aller faire appel au crédit des diverses villes d'Italie. Le plus urgent, toutefois, était de hâter les conclusions d'une paix définitive. L'article deuxième de la convention signée à Bologne stipulait que le Pape enverrait immédiatement un plénipotentiaire à Paris. Azara désigna l'abbé Pieracchi comme pouvant heureusement remplir cette mission. Mais la République française n'accepterait pas de traiter avec un ecclésiastique; Pieracchi devrait donc revêtir des vêtements laïques et n'être appelé que du titre de comte. Evangelisti, qui avait assisté aux premiers pourparlers, pourrait utilement l'accompagner. Le Saint-Père ratifia ces choix et, parti de Rome le 30 juin, le nouveau ministre traversa, deux jours après, Florence, où l'ambassadeur d'Espagne le présenta à Bonaparte, puis, à peine muni de ses passeports, reprit le chemin de Paris.

Les instructions qu'il emportait, et dont le résumé se trouve dans les papiers de Caleppi [1], lui enjoignaient, en raison de la situation particulière dans laquelle se trouvait placé le Saint-Siège, d'attendre, mais non de présenter des propositions de paix. Elles rappelaient les outrages faits à la personne de Pie VI et à celle de ses représentants, l'invasion d'Avignon, du Comtat et des Etats ecclésiastiques, insultes que le Pape avait subies sans jamais se départir, pendant toute la durée de la guerre, de la neutralité qu'il avait déclarée dès le début. Les griefs de la République étaient donc sans fondement, et l'envoyé pontifical devrait s'efforcer d'obtenir quelque adoucissement aux dures conditions de l'armistice; mais, sous aucun prétexte et dans aucune mesure, il ne saurait « accepter d'écouter des propositions pouvant porter atteinte à la religion, car cet objet était sacré, et ne souffrait ni hésitation, ni discussion, ni transaction, alors même qu'il s'agirait d'une question de vie ou de mort ».

Pieracchi arriva à Paris le 22 juillet. Le marquis del Campo, ambassadeur d'Espagne, et à ce titre médiateur à son tour dans la nouvelle négociation, le présenta au ministre des relations extérieures, Delacroix, et le 12 août, les conférences s'ouvrirent. Mais à peine l'envoyé romain eut-il exprimé les espérances que Sa Sainteté fondait sur la générosité du Directoire, que le ministre

[1] Archives secrètes du Vatican. — Papiers de Caleppi; dossier n° 12.

déclara avec véhémence que le seul fait de traiter avec le Pape était, pour la République française, un sacrifice incalculable... Maîtresse de toute l'Italie, elle pouvait y faire ce que bon lui semblait..., mais elle désirait établir la paix et rendre impossibles les troubles sous prétexte de religion [1]. Comme suite à ce préambule, Delacroix lut à ses interlocuteurs un article du projet de traité par lequel le Pape déclarerait désavouer, révoquer, annuler tous ses brefs, bulles, monitoires, rescrits et décrets apostoliques concernant les affaires de France depuis 1789 jusqu'à ce jour.

Cet article allait précisément à l'encontre des instructions formelles du Saint-Siège, et Pieracchi et del Campo, aussi stupéfaits qu'indignés, le marquèrent au ministre. Le Saint-Père, disaient-ils, serait disposé à témoigner par un nouveau bref qu'il n'avait jamais entendu s'immiscer dans les questions relatives au gouvernement intérieur des Etats, mais il demeurait seul juge dans l'ordre spirituel et ne pourrait, en conséquence, consentir à aucune rétractation sur ce point. Insensible à ces plaintes, le ministre reproduisit dans leur intégrité les exigences du Directoire, et devant une fermeté égale de part et d'autre, force fut de remettre au lendemain la suite des pourparlers.

Il n'est pas besoin de faire observer combien ces prétentions étaient inacceptables; mais peut-être est-il assez piquant de remarquer que, si elles blessaient la justice, elles ne violaient pas moins les règles de la politique française au moment où elles étaient émises. La Constitution de l'an III, qui régissait alors la France, affectait, en effet, d'ignorer jusqu'à l'existence même d'aucune religion; il était donc étrange de voir faire d'une question essentiellement religieuse le pivot d'une négociation. De plus, le retrait des brefs était exigé, parce qu'ils condamnaient l'Eglise constitutionnelle, institution d'Etat, et, par suite, disait-on, le gouvernement qui l'avait établie, c'est-à-dire, dans l'espèce, le roi, sous la Constitution de 1791. Or, depuis cette époque, l'Eglise schismatique était elle-même abolie et persécutée; on sait quel avait été le sort du roi; enfin, la Constitution de 1791 était proscrite et peine de mort prononcée contre quiconque voudrait y revenir (loi du 27 germinal an IV). C'était donc à une Eglise dissoute, à une monarchie détruite et à une Constitution abhorrée que l'on voulait contraindre le Saint-Père à faire amende honorable. La Révolution française foulait aux pieds ces institutions brisées, le Pape aurait dû s'humilier devant elles. Rarement, on le reconnaîtra, la logique fut à pareil point en défaut; mais le Directoire

[1] Archives de Alcala de Henarès. — Le marquis del Campo au chevalier Azara, 13 août 1796.

ne s'en mettait guère en peine, sa passion était aveugle, sa haine inquiète, et on aurait pu lui appliquer ce que Carnot disait plaisamment d'un de ses membres : « Le petit La Revellière avait tellement peur du Pape, qu'il le voyait sans cesse à sa poursuite, étendant ses doigts pour lui donner sa bénédiction. »

Aussi la seconde conférence que tinrent les plénipotentiaires et une conversation intime qui la suivit quelques jours après n'amenèrent-elles aucun résultat. Delacroix se refusait à toute transaction. En vain l'envoyé pontifical cherchait-il à limiter la déclaration au « domaine temporel » et à en exclure les matières religieuses; le ministre entendait, au contraire, les comprendre dans une rétractation sans condition. Pieracchi demanda enfin qu'il lui fût du moins permis d'envoyer un courrier au Saint-Père pour prendre ses derniers ordres. On ne lui laissa pas le temps de recevoir la réponse : le 30 fructidor, le ministre des relations extérieures lui communiquait un arrêté du gouvernement rompant toute conférence et l'expulsant du territoire sans délai.

Le Directoire se fût peut-être moins hâté de recourir à un procédé aussi brutal s'il eût connu ce que renfermait encore le portefeuille du ministre du Pape. Grande, en effet, fut la surprise quand, peu de jours après son départ, on vit apparaître un bref adressé aux catholiques résidant en France, les exhortant à la paix et à la soumission aux pouvoirs constitués. Cette pièce n'équivalait assurément pas à la rétractation demandée au Saint-Père; elle se bornait à rappeler les principes généraux de l'Eglise et les règles que saint Paul prescrivait déjà aux chrétiens pendant le temps des persécutions. Mais, formulés dans des circonstances aussi solennelles, ces conseils n'auraient pu que répondre aux vues du gouvernement. Le bref ajoutait que cette soumission porterait les gouvernants « à chérir et à protéger le culte par l'observation des préceptes de l'Evangile et des règles de la discipline ecclésiastique ».

A vrai dire, il aurait fallu être doué d'un optimisme peu commun pour conserver de si belles espérances au lendemain de l'expulsion du plénipotentiaire pontifical. Aussi le Directoire, surpris lui-même d'une confiance qu'il n'avait rien fait pour mériter, crut-il à quelque méprise. Il fit interroger Cacault, alors agent de France à Rome, sur l'authenticité du document. Cacault répondit qu'il sortait des presses de l'imprimerie de la Chambre apostolique et qu'Azara lui en avait remis plusieurs exemplaires. Aucun doute n'était donc possible : on chercha aussitôt à Paris à en tirer parti, et Delacroix, se faisant obligeamment le porte-voix du Saint-Père, adressa à l'abbé Sicard, directeur des *Annales catholiques*, une copie certifiée conforme. Mais ce bref dont nul ne savait l'origine, que le gouvernement présentait mais que les évêques ignoraient, ne rencontra auprès des catholiques que contradiction et méfiance. Il devint un nouveau champ de lutte au lieu d'être un terrain d'accord, et quand le nonce de Lucerne, qui avait soumis ses doutes au cardinal secrétaire d'Etat, reçut de lui l'assurance que, si Sa Sainteté avait voulu *publier* ce bref, Elle ne se serait pas écartée des formes suivies jusque-là, la résistance s'en trouva singulièrement fortifiée. Toutefois, la lettre, non reconnue, n'était pas davantage désavouée, de sorte que l'incertitude ne fut pas éclaircie. Elle a subsisté jusqu'à nos jours, et quand des discussions récentes ont rendu quelque actualité à cette pièce, on s'est aperçu, non sans étonnement, qu'elle ne figure pas dans la collection officielle des Actes authentiques du Saint-Siège[1].

Les archives secrètes du Vatican nous livrent aujourd'hui seulement la clef du mystère. On a vu que Bonaparte avait le premier, lors des pourparlers de Bologne, émis l'idée d'une bulle destinée à approuver son gouvernement. Azara réduisit cette demande à de plus justes proportions, et, aussitôt rentré à Rome, rappela à Pie VI la promesse qu'il avait faite. Dès le 6 juillet, un courrier fut expédié à la suite de Pieracchi afin de lui porter ce qui n'était encore qu'un projet de bref. Le plénipotentiaire demeurait juge de l'opportunité de la publication, subordonnée, comme de raison, au développement des négociations. Celles-ci avaient été conduites avec une dureté et suspendues avec une brusquerie qui n'autorisait aucun tempérament : toute concession eût semblé une capitulation. Pieracchi remporta donc la pièce pontificale, à laquelle une imprudence ou une indiscrétion donna seule la publicité. Il n'en était pas moins vrai qu'elle demeurait dépourvue de toute autorité, et, en présence des événements qui se déroulèrent peu après, le Pape ne put que se féliciter de n'avoir pas hâtivement offert sa confiance à qui devait si indignement la tromper.

L'entente, on le voit, n'était pas près de se faire. Aussi n'est-ce pas sans surprise que l'on a accueilli récemment l'apparition de Mémoires dans lesquels il est affirmé que le Directoire avait, à ce moment-là même, négocié et presque conclu avec le Saint-Siège un concordat réglant, à la satisfaction commune, toutes les questions religieuses pendantes. L'abbé de Salamon, alors chargé des affaires du Saint-Siège en France, déclare[2], en effet, avoir

[1] Voy., sur cette question, une intéressante brochure de M. H. Welschinger, *le Directoire et le Concile national de* 1797. Paris, Picard, 1895.

[2] *Mémoires inédits de l'internonce à Paris pendant la Révolution*, publiés par l'abbé Bridier. Paris, Plon, 1892, p. 234 et suiv.

eu mission en même temps que l'abbé Pieracchi, et sous la médiation de l'ambassadeur d'Espagne, de traiter avec le ministre des relations extérieures; il donne les détails du projet de concordat, qui aurait même été déjà imprimé quand les exigences du gouvernement au sujet d'un nouveau serment l'auraient fait échouer. L'affirmation émane du négociateur lui-même et ne saurait être plus formelle. Faut-il l'admettre sans contrôle? Faut-il reporter désormais à 1796 l'origine du concordat de 1801 et attribuer le mérite de cette conception, non plus au Premier consul, mais au Directoire? Quelques-uns l'ont pensé, et un auteur contemporain a même cru pouvoir faire de cette hypothèse le point de départ d'un important travail [1]. Pourtant, quelque téméraire que puisse paraître ici la contradiction, j'inclinerais à penser qu'un examen un peu plus sévère devrait à tout le moins précéder ce bouleversement historique.

Si, en effet, un traité de cette importance avait été préparé par deux plénipotentiaires du Pape, un médiateur espagnol et un ministre français, si les conditions en étaient arrêtées et le texte même imprimé, il serait bien étrange qu'il n'en fût demeuré aucune trace. Or c'est précisément le fait; non seulement le prétendu concordat ne figure dans aucune série de documents, mais aucun contemporain, autre que M. de Salamon, n'en a connaissance, et jusqu'ici ni les archives de France, ni les archives d'Espagne, ni enfin celles du Vatican dont j'apporte aujourd'hui le témoignage, ne semblent en avoir gardé la moindre trace. Par quel hasard vraiment extraordinaire, les négociateurs, en désaccord sur tous les points, se seraient-ils rencontrés seulement dans le mystère qu'ils gardent sur celui-ci? Comment, dans leurs dépêches confidentielles, rendant compte de leur mission à leur gouvernement, en auraient-ils omis l'article principal, au sujet duquel le silence aurait paru coupable, si le secret eût été possible? De pareilles invraisemblances sont significatives.

La question de date ne l'est pas moins. En effet, tandis que les documents diplomatiques sont tous contemporains des événements auxquels ils se réfèrent, les Mémoires de M. de Salamon ne furent écrits qu'entre 1808 et 1812, c'est-à-dire à tout le moins douze ans plus tard. Or, pendant ce long espace de temps traversé par tant d'autres catastrophes et tant de naufrages, serait-il surprenant que quelques souvenirs aussi s'en fussent allés à la dérive?

L'erreur, du reste, n'est pas très difficile à expliquer. Assurément, les hommes qui chassaient si lestement le ministre du Pape ne

[1] *Les Origines du Concordat*, par L. Séché.

semblent pas avoir jamais eu la pensée d'offrir à l'Église un concordat honorable; mais il est hors de doute que l'opinion publique souhaitait la paix religieuse; les catholiques et une partie même des constitutionnels la réclamaient, et le Saint-Père désirait ardemment l'accorder. C'est sous l'empire de cette préoccupation qu'il s'était laissé persuader d'écrire un projet de bref conciliant au delà de toute espérance. Ce bref était aux mains de Pieracchi, négociant sous la médiation de l'ambassadeur d'Espagne; il était imprimé et prêt à paraître quand survinrent les événements dont on a lu le récit. Ne peut-on voir dans ce fait l'origine d'une confusion assez naturelle avec le soi-disant concordat? L'époque, le but, les négociateurs, le médiateur, sont les mêmes; dans l'un et l'autre cas, la tentative est interrompue par l'expulsion du négociateur. Pareille extrémité n'est certes pas un accident commun; elle frappe assez fort pour marquer, et surtout pour être remarquée, si elle se reproduit deux fois. Comment donc ne pas être porté à conclure qu'il s'agit au fond d'une seule et même négociation, et que l'acte supposé de 1796 n'est autre que le bref du 5 juillet, vraiment prédestiné, semble-t-il, à être la source de perpétuelles méprises? M. de Salamon, écrivant avec plus de bonne humeur que de précision[1] des réminiscences déjà anciennes, en aurait donc quelque peu mélangé les détails. Plus d'une fois sans doute, il avait dans sa pensée devancé l'œuvre du Premier consul, et espéré la conclusion d'un concordat dont le bref confié à Pieracchi serait le préambule. Sa vive imagination forma aussitôt des projets qui n'étaient pas sortis de sa mémoire, et, par une confusion tout instinctive, il s'est trouvé plus tard prendre ses inspirations pour des souvenirs. Tel le soleil couchant dore les plages dont il s'éloigne.

Quoi qu'il en soit, toute négociation était suspendue. Pieracchi quitta Rome le 23 août, tandis qu'une congrégation de cardinaux, assemblée aussitôt après l'arrivée de son courrier, approuvait à l'unanimité sa conduite. Le Directoire avait annoncé qu'il envoyait des instructions aux commissaires près l'armée d'Italie pour reprendre les négociations. Il ne restait donc plus qu'à attendre les événements.

[1] Il commet dans le récit de ces événements d'autres erreurs : Pieracchi, selon lui, serait venu à Paris pour « être son second » (p. 235), tandis qu'il était chef de la mission, et que M. de Salamon ne semble même pas en avoir fait partie. — L'armistice de Bologne avait été négocié par le chevalier d'Azara et non par le cardinal Mattei, et le duc Braschi, etc., etc. (p. 236).

II

Rome en 1796 : Images miraculeuses et surexcitation populaire. — Mgr Caleppi. — Conférences de Florence. — Rupture de l'armistice et invasion.

Rome se trouvait à cette heure dans un état de complet bouleversement. Les premières mesures prises pour satisfaire aux conditions de l'armistice avaient rencontré dans la population une hostilité fort légitime, mais aussitôt exploitée par un parti secrètement favorable aux Français. Celui-ci formait le projet de piller la ville à l'arrivée de l'envahisseur et de lui livrer la noblesse, les cardinaux et le Pape lui-même en otages. Les troubles ne pouvaient donc que servir ses vues, et quand le gouvernement, pour rétablir l'ordre, faisait publier quelque édit, des mains séditieuses en collaient à côté un autre ouvertement contraire. Il s'ensuivait des incertitudes et des querelles qui ajoutaient une note de discorde à l'émotion à laquelle le peuple romain était déjà en proie pour d'autres motifs.

En effet, dès les premiers jours de juillet, c'est-à-dire au lendemain de la signature de l'armistice, le bruit se répandait que des prodiges avaient été observés dans divers sanctuaires où les madones auraient ouvert les yeux, où les christs, disait-on, remuaient les bras. Ces faits merveilleux, dont les annales de Rome rapportaient déjà des exemples à d'autres époques de calamités, passionnaient la population. Elle courait aussitôt pour les contempler; quelques-uns voyaient, d'autres ne voyaient pas. De là, confusion et disputes, invectives à l'image sainte aussi bien qu'à ses fidèles; les têtes s'échauffaient et peu s'en fallait souvent que, au coin des rues, l'on ne se donnât des coups de couteau par dévotion. Le lendemain, les prodiges se renouvelaient, se multipliaient, et on comptait bientôt plus de cent madones qui ouvraient les yeux. Dans les églises, au fond des échoppes, dans ces pittoresques recoins que connaissent tous ceux qui ont visité Rome, chaque image miraculeuse avait ses fervents; des pèlerins la venaient visiter, les passants s'arrêtaient, récitant à haute voix leurs prières, puis chacun s'en retournait chez soi devisant sur ces signes et sur les graves événements dont ils devaient être l'annonce.

De cette exaltation religieuse qui n'allait pas sans quelque mélange de superstition, il résultait un état général de malaise et de trouble, passablement inquiétant à la veille de l'arrivée des commissaires du Directoire. Aussi le Pape crut-il devoir intervenir, et, afin de disposer à la paix et à la résignation un peuple dont les égarements étaient toujours fort à craindre, il ordonna que des missions fussent prêchées sur les six principales places de la ville. Des foules immenses s'y rendirent; pendant deux heures, un prédicateur populaire exhortait ses auditeurs à la pénitence, puis il allait chercher le Saint Sacrement dans l'église la plus proche et, d'un autel improvisé en plein air, bénissait l'assistance. Un jour, place Barberini, le Pape en personne vint assister à la mission, d'une des maisons voisines; puis il descendit, revêtu de ses ornements pontificaux, entouré de toute sa cour et donna lui-même la bénédiction avec l'ostensoir. Le spectacle était imposant. D'autres scènes plus impressionnantes encore se déroulaient les jours suivants à travers les rues de la ville que parcouraient des « processions de pénitence », et dont l'aspect était trop caractéristique pour ne pas mériter ici une mention. Après un *fervorino* du prédicateur de la mission, le cortège se formait : en tête s'avançait un grand crucifix, porté par le cardinal-vicaire ou par quelque autre personnage marquant et suivi d'ordinaire par des cardinaux, des prélats, des dignitaires de la cour et une foule d'hommes, dont quelques-uns pieds nus et la corde au cou. L'image de la sainte Vierge venait ensuite. Les dames de la noblesse, la duchesse de Rignano, la princesse Doria, la duchesse de Fiano et d'autres se disputaient l'honneur de la soutenir; elles étaient suivies à leur tour par le groupe des femmes. Des prêtres en habit long, les frères de la congrégation des *Sacconi*, des torches à la main, encadraient le cortège, pendant que d'un bout à l'autre de ces longues files formées de plusieurs milliers de personnes s'élevait le chant des litanies entremêlé du rosaire. Arrivés au but de la procession, les pèlerins recevaient la bénédiction du Saint-Sacrement donnée en plein air devant le portail de l'église; puis ils se dispersaient, acclamant de nouveau la Vierge : *Evviva Maria, Evviva la gran Madre di Dio!* Les ordres religieux, les confréries diverses, la cour pontificale, les gardes nobles, la garde cuirassée, tous tinrent à honneur de visiter ainsi en corps les sanctuaires miraculeux. La ville, le soir, était éclairée *a giorno*, et les cafés, tavernes et autres lieux semblables étaient fermés par ordre. Tout négoce et tout travail était suspendu et, jour et nuit, les rues pleines de clameurs donnaient l'illusion « d'une place prise d'assaut ». — « Depuis que le monde est monde, écrivait Azara[1], on n'a pas vu de cité jetée en aussi fanatique convulsion que l'est aujourd'hui Rome. »

Il en était de même d'ailleurs dans le reste des États pontificaux

[1] Le chevalier d'Azara au prince de la Paix, 20 juillet 1796.

et dans plusieurs parties de l'Italie. A Civitâ-Vecchia, d'après une curieuse relation trouvée dans les papiers de Mgr Caleppi, ce ne sont plus seulement les madones qui font des prodiges, c'est la statue de sainte Ferma, patronne des hommes de mer, qui élève et abaisse tour à tour la main dans laquelle elle tient une galère d'argent, emblème de sa protection. Deux marins vénitiens, témoins du fait, courent prévenir les religieux qui desservent l'église, lesquels voient aussi le miracle; aussitôt moines et marins de sonner les cloches. La population s'empresse, et parmi elle « trois officiers de vaisseau au service de la République française ». Tous contemplent et admirent le fait, et tandis que l'artillerie des gardes-côtes pontificaux exécute les salves réglementaires du salut royal, les Français eux-mêmes dans leur enthousiasme font tonner leurs canons en l'honneur de la sainte.

Les galériens du port, informés du prodige et touchés à leur tour, invoquent tout haut la madone : *Maria santissima, ancora noi siamo vostri figli*; *fateci la grazia*... La Vierge répond à leurs vœux, et sur la galère Saint-Pierre on voit tout à coup un tableau s'animer : Marie incline la tête vers son fils qui tend les bras pour la caresser. Quatre Turcs captifs, qui se trouvaient au nombre des condamnés, demandèrent aussitôt le baptême.

Ces récits et d'autres semblables se prêtent malaisément à la critique, et la vérité est difficile à distinguer des embellissements que l'imagination ou la dévotion populaire ne se faisait sans doute pas scrupule d'y ajouter [1]. Mais cela importe peu au point de vue de la marche des événements, et si j'ai cru devoir relater quelques-uns de ces traits, simples et naïfs comme les légendes du moyen âge, c'est que, légendes ou réalités, ces manifestations exerçaient sur ces populations méridionales une impression également vive. Elles inquiétaient, d'autre part, les envoyés du Directoire, peu accoutumés, on le conçoit, à pareilles fêtes. Mais en vain tel commandant français rendait-il un édit « défendant les miracles », les saints ouvraient les yeux en dépit du commandant. A Florence, on avait célébré un triduum de prières dans diverses églises, sans démonstrations extérieures, mais au milieu d'un grand concours de monde.

[1] Il est à observer toutefois que ces faits donnèrent immédiatement lieu à une enquête ordonnée par le cardinal-vicaire. Le procès, conduit avec toute la circonspection dont la cour romaine est coutumière, porta sur vingt-six images dites miraculeuses, comprit quatre-vingt-six dépositions faites sous la foi du serment et se termina par un décret d'approbation que j'ai sous les yeux, constatant la réalité des cas examinés. J'achève ces lignes à Rome (décembre 1796) précisément au moment où des fêtes solennelles célèbrent le centenaire de ces prodiges.

Aussitôt, Miot, le ministre de France, s'en était ému, et le troisième jour de ce triduum, quelques heures seulement avant sa clôture, il en avait exigé l'interdiction; puis, pris de peur, il avait manifesté l'intention en partant pour Rome de se faire escorter par une garde de cinquante dragons français. Azara avait eu fort à faire pour lui persuader que cette singulière violation du droit des gens compromettrait sa sécurité au lieu de l'assurer. Mais que dirait-il quand il verrait l'état de la ville qui dépassait toute attente, des miracles « à chaque coin de rue » et tout ce régime de « pénitence ardente » auquel le Pape soumettait son peuple pour le calmer et dont le premier effet était de le surexciter? Les pires excès pouvaient se produire, — le meurtre de Basseville en était la preuve, — sans doute l'envoyé français s'empresserait de quitter Rome, et tout serait remis en question.

Tel est le sens de diverses dépêches fort pressantes que le chevalier d'Azara adresse au cardinal secrétaire d'Etat pendant le courant du mois de juillet [1].

Ces craintes ne se réalisèrent pas, et pendant que le plénipotentiaire du Pape se rendait à Paris, on commença sans trop de trouble à exécuter l'armistice. A la suite des mesures dont j'ai déjà parlé, on livra aux commissaires français tout ce qu'il fut possible en lingots d'or et d'argent, vêtements pour la troupe, alun, couleurs pour peindre les navires, bœufs pour l'alimentation, animaux reproducteurs, etc., etc. La remise des objets d'art compris également dans la convention sembla un plus cruel sacrifice. Ce peuple d'artistes ne pouvait s'y résigner, et une protestation fut rédigée pour supplier le Directoire de considérer que Rome était la ville des arts; que transporter au loin ses chefs-d'œuvre, incapables de résister aux heurts du voyage, serait un acte de vandalisme qui dépouillerait leur patrie sans enrichir la France, et qu'il serait plus digne d'elle de les réunir à Rome même, dans un musée où ils seraient reconnus sa propriété; mais ces prières furent vaines. Sans s'en préoccuper aucunement, les commissaires procédèrent rigoureusement à leurs choix, réunissant dans une bizarre association les bustes de Brutus et les tableaux de vierges et de saints, poussant même l'audace jusqu'à vouloir piller, en outre des musées de la ville, les galeries particulières.

Sur l'article de la poudre de guerre également réclamée par la France, le cardinal Borgia éleva quelques difficultés : il assurait que les règles de l'Eglise prohibaient ces livraisons [2]. A cette décla-

[1] Arch. secr. du Vatic. — Papiers de Caleppi; dossier n° 10.
[2] Le cardinal assimilait sans doute la République française qui avait

ration Azara bondit : « Borgia court grand risque, écrit-il incontinent au cardinal secrétaire d'État [1], car si Bonaparte en est informé, il ne manquera pas de demander au Pape de le lui livrer pour le faire fusiller. Ce sont ses délices! » On préféra livrer la poudre.

Ainsi, sur chacun des articles de l'armistice, la France avait obtenu satisfaction. Certes, le peuple ne pouvait maîtriser sa douleur quand il voyait dépouiller les images saintes des *ex-voto*, dont la piété de ses ancêtres les avait ornées; quelques-uns même lui affirmaient que bientôt tout objet précieux, jusqu'aux boucles d'oreilles et aux bijoux des femmes, serait jeté dans les caisses des rapaces étrangers, et il se demandait, non sans raison peut-être, si tous ces sacrifices n'attireraient pas le conquérant au lieu de le satisfaire. Mais, avec une philosophie faite autant de fatalisme antique que de résignation chrétienne, il subissait la loi inévitable, allumait une lampe de plus à la Madone, et sachant qu'on négociait à Paris, attendait son salut de quelque combinaison ou de quelque miracle. Aussi, quand éclata tout à coup la nouvelle que Pieracchi, l'envoyé du Souverain Pontife, venait d'être brusquement expulsé de France, elle provoqua dans Rome une véritable explosion d'effroi et de colères.

Le Pape, tout au contraire, l'accueillit avec calme et fermeté, car aucune hésitation ne lui semblait permise dans une question où la religion était en jeu. Sur l'article des contributions de guerre, si lourdement qu'elles dussent peser sur lui, il avait dès l'armistice subi les prétentions du vainqueur. Sa condescendance n'était pas moindre en ce qui touchait les cessions territoriales, tout inique que fût aussi cette spoliation ; mais, poursuivi jusque sur le terrain religieux, il s'arrêtait et arrêtait son adversaire devant la limite que les devoirs de sa charge rendaient infranchissable. Par malheur, c'est contre cet obstacle lui-même que le Directoire dressait ses batteries avec un acharnement sectaire, n'acceptant ni transaction ni tempérament, aussi décidé à obtenir que le Saint-Père était résolu à refuser. La négociation attendue n'offrait donc que de faibles chances de succès. Mais Pie VI envisageait sans effroi les pires éventualités, et déjà il s'était déterminé, au cas de rupture, à quitter Rome et à fixer son siège à Malte, pour y attendre que la tourmente fût apaisée.

Une circonstance nouvelle ajoutait bientôt à l'angoisse de ses

envahi les États du Pape aux Turcs, auxquels il avait effectivement été interdit de vendre de la poudre.

[1] 3 août 1796. (Arch. secr. du Vatican. — Papiers de Caleppi; dossier n° 10.)

inquiétudes l'amertume d'une défection. Il avait mandé auprès de lui le chevalier d'Azara, dont le dévouement s'était jusqu'alors montré à la hauteur du talent, le priant de lui continuer le secours de sa médiation. Quelle ne fut pas sa tristesse quand l'ambassadeur lui écrivit, puis vint lui répéter de vive voix, que la chose était impossible! Il avait, de son côté, disait-il, pris des avis compétents, fait rédiger par le P. Quinones, général des Dominicains, une consultation en règle, et il estimait désormais que l'article relatif à la révocation des brefs pouvait parfaitement être admis, comme ne renfermant rien que le Pape dût en conscience réprouver. Cet article serait à nouveau proposé par les commissaires, et tout projet d'amendement devenait inutile, car ses correspondances l'assuraient qu'on n'y admettrait aucun changement. « Pour ma part, enfin, » concluait froidement le chevalier, « je n'en proposerai pas le moindre, parce que cela produirait une plus grande irritation [1]. » Si le Pape fut sans doute quelque peu surpris de la leçon de théologie, il ne comprit pas davantage les mobiles qu'Azara alléguait à sa conduite. Le Directoire, dans ses exigences, ne respectait rien; que pouvait-on donc redouter de sa « plus grande irritation »? Fallait-il céder tout, de peur apparemment qu'on exigeât davantage? Sans se laisser aller à aucune irritation, le Saint-Père insista auprès du vieil ambassadeur, longtemps, les larmes aux yeux, et avec tant de force qu'il obtint enfin une réponse favorable. Mais cet assentiment était une concession faite à sa personne, non à son opinion. Le chevalier allait aborder la discussion avec la persuasion de son inutilité, condition peu favorable au succès. « Je tenterai tout, je ferai tout ce que je pourrai, — écrivait-il, en effet, — pour obtenir une paix que je crois néanmoins presque impossible. »

Celui qui devait vraiment porter le poids de cette difficile négociation était Mgr Laurent Caleppi [2]. Plusieurs missions déjà remplies avec bonheur le désignaient à la confiance du Saint-Père. Auditeur

[1] Le chevalier d'Azara à Pie VI, 27 août 1796.

[2] Lorenzo Caleppi, né en 1741, auditeur à la nonciature de Pologne en 1772, puis à la nonciature de Vienne où il demeura ensuite comme chargé d'affaires (1782), négociateur du traité de Tolentino (1797), envoyé auprès de Murat (1801) pour détourner des États pontificaux une nouvelle invasion, nommé archevêque de Nisibe et nonce en Portugal (1801), premier nonce au Brésil, cardinal en 1816, mourut le 10 janvier 1818. Le commandeur C. L. de Rossi qui, depuis 1795 jusqu'à sa mort, demeura attaché à sa personne, a laissé sur lui d'intéressants mémoires auxquels j'ai eu l'occasion de faire divers emprunts. (*Memorie intorno alla vita del Card. Lorenzo Caleppi ed alcuni avvenimenti che lo riguardano, scritte dal commendatore Camillo Luigi de Rossi;* Roma, 1843.)

de la nonciature en Pologne lors du premier partage de ce malheureux pays, il s'y était, pour ses débuts dans la carrière, fait tout particulièrement remarquer. Aussi, quelques années plus tard, ce fut encore lui qui, attaché à Vienne, eut le redoutable honneur de prononcer l'oraison funèbre de l'impératrice Marie-Thérèse, et la parfaite mesure avec laquelle il parla de la guerre de Sept ans lui valut tout à la fois les compliments du roi de Prusse et des distinctions de la part de Joseph II. A une habileté diplomatique éprouvée dans de si difficiles occurrences, il joignait autant d'activité que de zèle. Le premier mouvement de la nature, qu'il ne parvenait pas toujours à contenir, était sans doute impétueux; mais il se reprenait aussitôt et une raison maîtresse d'elle-même dictait seule ses décisions. Son désintéressement complet de toute ambition humaine, surtout de celle de l'or, — dit un de ses biographes, — était cité comme une qualité qui semblait peu commune; enfin, il parlait la langue française avec la plus grande aisance. Ces diverses circonstances déterminèrent le choix du Pape devant lequel Caleppi ne put que s'incliner. Aussitôt que les commissaires du Directoire eurent informé la cour de Rome qu'ils attendaient son plénipotentiaire, le 4 septembre 1796, il partait pour Florence avec le P. Soldati, dominicain, secrétaire de la Congrégation de l'Index, qui l'accompagnait en qualité de théologien consultant.

Pendant que les voyageurs se rendent ainsi à leur destination, il ne sera pas sans intérêt de jeter un coup d'œil sur les instructions dont ils sont munis et d'y voir l'attitude que le Saint-Siège adopte dans une situation qui paraît sans issue. Cet examen nous réserve une surprise. On a cru, en effet, jusqu'ici, que le Saint-Père se borna à repousser sans discussion la rétractation des brefs exigée par le Directoire, et rien, il faut l'avouer, n'eût été plus naturel. Mais il n'en fut rien : loin de répondre à la violence par un simple refus, il s'efforça une fois de plus de la fléchir par une concession. Pieracchi, on s'en souvient, avait déjà été chargé d'un projet de bref, d'ailleurs demeuré sans emploi; Caleppi, à son tour, emportait une pièce plus importante encore et plus inattendue. On en jugera sous peu. Voici quel en était le préambule.

« Considérant que la religion est l'objet des premiers devoirs du Pontife romain, Mgr Caleppi déploiera tout son zèle pour faire comprendre à MM. les commissaires l'impossibilité où se trouve Sa Sainteté d'admettre l'article présenté au comte Pieracchi dans les conférences de Paris. Il proposera d'y substituer l'autre article ci-joint que Sa Sainteté offre comme le seul qui puisse, en répondant au but de pacification générale que poursuit la République française, se concilier avec les devoirs indéclinables de sa charge apostolique. Au reste, Mgr Caleppi sait bien qu'en dehors de cet article approuvé par Sa Sainteté et par la Congrégation déléguée, tout autre article ou tout changement que l'on proposerait de faire à celui-ci devra d'abord être soumis à Sa Sainteté, car en matière de religion, on ne peut donner de pleins pouvoirs. Si, par ailleurs, MM. les commissaires de la République française se contentaient du bref que le comte Pieracchi a déjà emporté imprimé à Paris, Mgr Caleppi pourra le rendre officiel [1]. »

Les instructions s'étendaient ensuite sur les adoucissements qu'il conviendrait d'apporter aux conditions de l'armistice visant les provinces envahies et les contributions de guerre. Le Saint-Siège se trouvait en effet d'autant plus empêché d'acquitter les sommes demandées qu'il était dépouillé de ses plus riches provinces, et n'avait rien reçu d'Avignon ni du comtat Venaissin depuis huit années. Ces deux Etats étaient occupés par la République française qui avait promis en retour une indemnité, mais l'offre était restée sur le papier. Le Pape réclamait encore en faveur des émigrés réfugiés sous sa protection la bienveillance que l'on « pouvait espérer, disait-il, d'une nation noble et généreuse comme la nation française ». Enfin, pour observer toutes les règles de la courtoisie, Mgr Caleppi était expressément invité à mettre tous ses soins et tous ses efforts à s'attirer l'estime des commissaires français. « Il la mériterait par la loyauté de ses procédés dignes d'un envoyé apostolique, et les persuaderait ainsi du sincère désir de Sa Sainteté de voir rétablir le plus tôt possible le bon accord entre le Pape et leur République. »

La République à laquelle on prodiguait de si belles formules avait-elle un aussi « sincère désir » du bon accord? Les événements ne tarderont guère à nous le dire. Mais auparavant il nous faut prendre connaissance de l'instrument diplomatique le plus important et le plus curieux de la négociation : je veux dire l'article que Caleppi était autorisé à proposer comme transaction sur la question du retrait des brefs. Le soin qu'on avait mis à le préparer atteste la valeur qu'on y attachait; les lettres du cardinal Busca [2] nous en révèlent l'histoire.

Quatre projets de formule avaient été rédigés, trois par le cardinal Antici, le quatrième par Mgr di Pietro. Le cardinal secrétaire d'Etat les fit passer à tous les membres du sacré collège pour recueillir leur avis. Albani, Antonelli et Borgia étaient opposés à

[1] Archives secrètes du Vatican. — Papiers de Caleppi, dossier n° 13... *Istruzioni che per ordine di nostro Signore si danno a monsignore Caleppi, etc., Del Palazzo Quirinale, questo di 3 septembre* 1796.
[2] Le cardinal secrétaire d'Etat à Mgr Caleppi. — Papiers de Caleppi, 12.

toute formule, tandis que Gerdil, Joseph Doria, della Somaglia et d'autres inclinaient pour celle de Mgr di Pietro. Le Pape approuva cette dernière, et ce fut celle-là dont le cardinal Busca transmit le texte au plénipotentiaire, l'autorisant à l'insérer dans les préliminaires du traité, au cas où les commissaires en feraient une condition absolue. Mais, ajoutait-on, cet article devrait être rédigé soit en italien, soit en latin, afin d'éviter toute surprise, car avec des négociateurs qui n'étaient pas précisément très scrupuleux, on ne saurait prendre trop de sécurités, et le point en question était singulièrement délicat. Le lecteur l'appréciera sans doute en comparant le texte que le Directoire dictait au Pape avec celui que Pie VI offrait spontanément. Je crois devoir appeler l'attention sur ce dernier, car il est demeuré jusqu'ici absolument inédit; le Directoire lui-même n'en eut jamais connaissance, et le rapport secret de Caleppi est, si je ne me trompe, la seule pièce qui nous l'ait conservé. Or, jamais on n'avait soupçonné jusqu'à quel point le Saint-Père se serait montré conciliant si la République avait voulu sérieusement négocier avec lui.

La déclaration que le Directoire entendait imposer au Pape était la suivante :

« Sa Sainteté reconnaît avec le plus vif regret que des ennemis communs ont abusé de sa confiance et surpris sa religion pour expédier, publier et répandre en son nom plusieurs actes dont le principe et les effets sont contraires à ses véritables intentions et aux droits des nations. En conséquence, Sa Sainteté désapprouve, révoque et annule les bulles, rescrits, brefs, mandements apostoliques, monitoires, instructions pastorales, et, en général, tout écrit émané du Saint-Siège ou d'une autorité quelconque soumise au Saint-Siège, depuis 1789 jusqu'à ce jour. »

Inutile d'insister sur les motifs pour lesquels le Pape devait repousser cette formule; voici celle qu'il permettait à Mgr Caleppi d'y substituer :

« Sa Sainteté a appris avec le plus vif regret que ses brefs, rescrits, instructions et autres écrits émanés d'Elle, relativement aux affaires ecclésiastiques de France, depuis l'année 1789 jusqu'à ce jour, ont été accusés d'avoir porté préjudice aux droits respectifs des nations, tandis qu'Elle a, au contraire, manifesté ses véritables intentions dans les brefs publiés depuis le début presque de la présente révolution, où Elle a plusieurs fois solennellement déclaré qu'Elle ne cherchait et ne voulait qu'une chose, la conservation intacte des droits sacrés de l'Eglise et du Siège Apostolique [1], et

[1] *Se id unum quærere atque urgere ut sancta jura Ecclesiæ et Apostolicæ Sedis illæsa serventur.* (Bref : *Quod aliquantum*, du 10 mars 1791.)

encore que ses soins et sa sollicitude ne se rapportaient qu'aux choses de la religion [1].

« Aussi Sa Sainteté, pour prévenir tout abus qui pourrait être fait des brefs, rescrits susdits, etc., déclare expressément qu'Elle n'a jamais entendu s'immiscer dans l'administration intérieure des gouvernements, et qu'Elle ne le fera pas davantage à l'avenir.

« Et, afin qu'il ne subsiste sur ce point le moindre doute, Sa Sainteté est disposée à conseiller, conformément aux maximes et aux constants enseignements de ses prédécesseurs, la fidélité et l'obéissance qui, sous tous les régimes, sont dues, — la religion demeurant sauve, — à la puissance suprême qui tient en mains les rênes du gouvernement. »

Ainsi donc le Saint-Père, qui ne pouvait rétracter ses brefs, consentait à venir les expliquer. Assurément, rappeler aux peuples qu'ils devaient l'obéissance de fait à un pouvoir de fait, ce n'était pas accorder à la République l'approbation qu'avait demandée Bonaparte, mais quel parti le Directoire n'eût-il pas pu tirer de la déclaration! L'art des commentateurs florissait déjà en ce temps; quelques interprètes eussent aisément complété la parole du Pape, et des amis zélés n'auraient pas manqué de colporter la version nouvelle. Avec un prétexte plus plausible que lors du bref du 5 juillet, on eût placé sous l'égide pontificale le gouvernement révolutionnaire, et présenté comme exemple aux catholiques le Saint-Père coiffé du bonnet rouge [2]. Pareilles métamorphoses se sont vues à d'autres époques.

Le danger n'en était sans doute pas apparu aux yeux du Saint-Père, et la concession qu'il venait de faire lui semblait uniquement un gage de paix. Peut-être Mgr Caleppi se flattait-il du même espoir pendant qu'il roulait vers Florence; mais à peine son carrosse entrait à Radicofani, le 5 septembre au matin, que tout à coup il est arrêté, et le courrier pontifical, Bartolomeo Radavero, lui tend un pli du chevalier d'Azara, qui l'avait précédé en Toscane.

La lettre était ainsi conçue [3] :

[1] *Curas et sollicitudines suas unice ad res Religionis referri.* (Bref : *Charitas*, du 13 avril 1791.)

[2] On peut en juger par ce fait : Cinq mois plus tard, lors de la signature du traité de Tolentino, bien que Pie VI n'eût pas accordé pareille concession à Bonaparte, on donna au théâtre de la Scala une pièce, vulgairement appelée le *Ballet du Pape*, où il était représenté comme l'apôtre de la Révolution, la proclamant dans ses États, se coiffant du bonnet rouge et l'imposant à tous. Telle était l'interprétation populaire, donnée avec la connivence muette des autorités, à la bienveillance du Pontife.

[3] Arch. Vat. — Papiers de Caleppi, 12.

« Buonconvento, 4 sept., à 4 h. de la nuit.

« Monseigneur et très estimé ami,

« Barthélemy m'a retrouvé tout près d'ici. Il m'a été envoyé par les commissaires qui sont en ce moment à Livourne; ils viendront à Florence pour vous recevoir avec courtoisie. Mais la négociation sera terminée en cinq minutes, parce qu'ils ont ordre de ne pas entrer en discussion sur l'article et de ne pas m'accepter comme médiateur, car, disent-ils, il ne s'agit pas d'un traité, mais d'une loi, etc. Il y a encore d'autres articles plus durs à digérer.

« Venez donc..., nous visiterons ensemble le musée!

« Je compte être demain pour dîner à Florence.

« Je suis tout à vous,

« Azara. »

Cette missive ne promettait guère, — en dehors des plaisirs artistiques, — mais la réalité devait encore dépasser les craintes. Dès son arrivée et avant de repousser les attaques des commissaires du Directoire, Caleppi allait se voir entravé par les faiblesses du médiateur et obligé de soutenir celui-là même dont il devait espérer l'appui. Azara, en effet, se montra à lui profondément découragé, disant qu'il savait par des confidences que la perte de l'Etat pontifical était résolue sans appel, et que lui-même, Caleppi, ne reverrait pas Rome, d'où le Pape serait contraint de s'enfuir; les Français avaient besoin de ses dépouilles pour poursuivre la guerre en Italie et se venger de Naples, dont les souverains seraient renvoyés, le roi en Espagne, la reine en Allemagne. Ses inquiétudes trouvèrent un douloureux écho chez son interlocuteur; toutefois celui-ci répondit que plus la situation était grave, moins on pouvait tolérer qu'Azara se laissât exclure de la négociation, comme il semblait si facilement s'y résigner, et qu'après avoir été médiateur, lors de l'armistice, il ne fût pas admis à conclure la paix par lui préparée. Caleppi fit au dévouement de l'ambassadeur, à la dignité de sa mission, à tous ses nobles sentiments, le plus pressant appel, mais ce ne fut qu'en le menaçant de quitter Florence sur-le-champ qu'il obtint du chevalier la promesse de livrer sur ce terrain une première bataille.

Le prélat fut moins heureux sur la question du retrait des brefs, point sur lequel le diplomate espagnol croyait, on le sait déjà, la lutte inutile. A toutes les objections, il répondait : « Impossible de l'éviter, parce que les jansénistes le veulent. » Si cet obstacle devait tout arrêter, au moins fallait-il, pensa Caleppi, qu'une protestation solennelle fût remise entre les mains des commissaires, afin de justifier la conduite du Pape et de laisser au gouvernement français la responsabilité d'une guerre de religion. Azara en tomba d'accord et rédigea lui-même en français une pièce [1] simple, digne, et qui se terminait par ces belles paroles : « Détruire la puissance temporelle du Pape, dépouiller Rome et ses Etats..., changer la forme de son gouvernement..., on ne doute pas de la puissance de faire tout cela; mais ce qu'on ne fera pas, c'est de détruire la papauté, ni d'ôter aux catholiques ce centre de leur union. Ce Pape-ci pourra manquer, on lui donnera un successeur. Quelque part qu'il réside, il aura la même puissance, et les catholiques le reconnaîtront. Le scandale de voir un vieillard de quatre-vingts ans fugitif, errant, pauvre et persécuté frappera tout l'univers, même les gens qui ne sont pas de notre communion, et rendra odieux infailliblement le gouvernement français... La guerre même pourra changer de nature en devenant guerre de religion... Le Pape est résolu à souffrir toutes les pertes, même celle de la vie, plutôt que de signer un article qu'il croit contraire à la foi... »

Cette déclaration était accompagnée d'un projet d'article conçu dans des termes se rapprochant plus ou moins du texte apporté de Rome. Azara, content de sa rédaction, lut ce document à Caleppi, le relut au prince Rospigliosi, qui était survenu, et promit d'en adresser copie au cardinal secrétaire d'Etat. L'envoyé du Pape n'était pas moins satisfait peut-être; il avait dû, pour ainsi dire, faire un siège en règle pour reconquérir le concours du médiateur, mais il y était parvenu et, si la lutte avec les représentants du Directoire promettait d'être chaude, le terrain en était bien préparé.

L'espérance ne devait pas être de longue durée. Le matin même, en effet, les négociateurs rendaient visite à Miot, ministre de France en Toscane; son accueil fut froid, sa parole sèche, et il s'attacha à ôter aux plénipotentiaires tout espoir du moindre adoucissement : le Directoire entendait dicter la paix, non la négocier. La raideur de l'agent français détruisit en un moment chez Azara les dispositions que la chaleur communicative du prélat romain avait eu tant de peine à réveiller, et, de nouveau, il s'abandonna à toutes ses craintes. Caleppi, ne sachant vraiment à quelle nouvelle ressource recourir, parla alors de partir pour Paris; mais Azara l'en détourna et il revenait invariablement au même dilemme : ou signer l'article, ou se hâter de mettre en sûreté le Pape, le trésor de Lorette, tout ce que l'on pourrait sauver d'un

[1] Papiers de Caleppi, 12. *Relazione umiliata all' Emo Segretario di Stato*, etc., note III.

naufrage inévitable. Son opinion était tellement affirmative en même temps que son attitude si étrange que Caleppi ne put se défendre d'un soupçon. Il se rappela qu'au cours de leurs conversations, il lui avait révélé le projet conçu par les Français de former un Etat indépendant composé de Bologne, Ferrare et d'une partie de la Romagne unis à Modène, à Reggio et au Milanais; et il en vint à se demander si l'ambassadeur espagnol ne nourrissait pas quelque espérance en faveur de l'infant de Parme, époux de l'infante, fille du roi d'Espagne. Ce n'était là qu'un soupçon; mais la froideur du médiateur semblait l'autoriser; elle n'était plus douteuse, apparaissait aux yeux de tous et faisait naître un malaise singulier entre des négociateurs dont l'unité de vues aurait seule pu, en d'aussi graves circonstances, assurer l'utilité d'action.

Deux jours s'écoulèrent dans ces alternatives. Le jeudi matin, enfin, Azara informa son collègue que les commissaires arriveraient dans la journée, mais que les présentations n'auraient pas lieu avant le lendemain, car il tenait à s'entretenir tout d'abord seul avec eux. Caleppi, surpris de cette ouverture, insista au contraire pour être présent à la première entrevue, mais ce fut sans succès. Le soir, apprenant que l'ambassadeur avait retrouvé les commissaires au théâtre, que ceux-ci lui avaient fait le plus cordial accueil, et même, affirmait-on, transmis des remerciements au nom du Directoire, il se rendit à sa demeure et attendit son retour. Cette fois encore, il se heurta à un refus; Azara persistait à vouloir de nouveau rencontrer seul les envoyés français. La démarche était assurément fort extraordinaire, et Caleppi qu'elle troublait ne fut pas rassuré quand il en apprit l'issue. Le lendemain matin, en effet, le chevalier lui annonça que tout était définitivement perdu; il le savait désormais, non plus par les confidences de Miot, mais par des déclarations officielles; le Directoire, très irrité contre Rome, était intraitable; la protestation arrêtée en commun, et qu'il assurait avoir lue aux commissaires, ne les avait que surexcités davantage. Le sort en était donc jeté : signer ou périr. A plusieurs reprises, l'ambassadeur répéta ces paroles, et aucun argument, aucune considération ne semblait plus avoir prise sur son esprit.

C'était dans ces conditions, peu encourageantes, que le ministre du Pape allait entrer en scène. Il crut devoir tout d'abord rendre une visite de simple politesse aux commissaires, et, le vendredi 9 septembre, vers quatre heures du soir, Azara le conduisit à leur résidence. Caleppi va nous faire lui-même le récit de cette curieuse entrevue :

« Ils (Garrau et Saliceti) étaient encore à table, et l'accueil fut plutôt obligeant. Ils se levèrent, et je les abordai successivement l'un et l'autre, leur exprimant la confiance que le Saint-Père et que Votre Eminence avaient en la justice et la générosité du Directoire, ainsi qu'en leur entremise. Ils devinrent alors sérieux, et répondirent qu'ils n'avaient pas de pouvoirs pour traiter, mais bien des ordres formels. J'insistai, parlant d'envoyer un courrier, ou encore de me rendre moi-même à Paris. Ils répliquèrent avec chaleur, sans insolence toutefois, que leurs ordres étaient précis, et qu'ils ne devaient accepter que la signature pure et simple. Avec M. Garrau, j'entrai plus avant dans la question sur l'article relatif au retrait des brefs. Il me dit que les Français étaient bons catholiques et qu'ils désiraient continuer à l'être, mais que le gouvernement, laissant à chacun sa liberté de conscience, n'entendait pas voir de disputes religieuses, que lesdits brefs avaient fait et faisaient encore le plus grand mal à la France, et que, pour ce motif, *on en voulait* le retrait. Je répondis que, si l'on consentait à s'entendre amicalement, nous serions bientôt d'accord, que Sa Sainteté recommanderait aux catholiques l'obéissance au gouvernement et la paix, même avec ceux de communions différentes; que tout conseil donné à la suite d'un article de traité paraîtrait extorqué, non émané de la libre volonté du Pape, et, en conséquence, ne produirait pas l'effet désiré; que, dans les brefs eux-mêmes, il avait été fait abstraction des questions civiles, dans lesquelles Sa Sainteté n'avait jamais entendu s'immiscer, s'abstenant même de toute autre démarche pour éviter à la France de plus grands malheurs; que le Pape aimait la nation, et que, une fois la bonne harmonie rétablie, les Français retrouveraient leur ancienne influence sur notre commerce et recueilleraient les fruits de notre reconnaissance. Je m'abstins pourtant de proposer l'article que le Saint-Père avait approuvé — cela... pour ne pas consentir à un pareil sacrifice sans l'espoir d'aucun avantage. »

« Pendant que je m'entretenais avec le commissaire Garrau, M. le chevalier s'était retiré dans une autre pièce avec Saliceti et avec M. Miot. Celui-ci revint et invita Garrau à passer dans cette pièce; il se tourna ensuite vers moi et me pria de faire de même, en sorte que nous nous trouvâmes réunis : M. le chevalier d'Azara, les deux commissaires, M. Miot et moi. Alors le chevalier dit que MM. les commissaires, étant fort occupés et pressés de donner une prompte exécution aux ordres du Directoire, avaient désiré me communiquer le soir même leurs feuilles et qu'ils y avaient joint une note pour moi. — Je répliquai que, n'en connaissant pas le contenu, je ne pouvais rien répondre; que véritablement, pour la dignité des parties contractantes et pour celle du médiateur, j'aurais espéré moins de précipitation et pensé obtenir quelque délai, au moins pour exposer les objections... qui m'auraient semblé fondées et par là apporter des éclaircissements qui ne seraient pas inutiles aux divers objets en litige.

« Tout fut peine perdue, leur réponse invariable était qu'ils avaient ordre formel de demander simplement l'acceptation ou le refus. Dans cette dure extrémité, je reçus les feuilles des mains de M. le chevalier, et nous partîmes ensemble pour les lire, en promettant de leur envoyer la réponse. »

Elle ne devait pas tarder, et on devine sans peine quels durent être les sentiments de Caleppi en constatant que, non seulement le fameux article relatif au retrait des brefs était de nouveau réclamé, mais que nombre d'autres clauses non moins inadmissibles avaient été insérées dans le traité. Des concessions territoriales livraient aux Français tout l'Etat pontifical jusqu'aux portes mêmes de Rome; des contributions de guerre étaient imposées chaque mois, en dehors des millions déjà stipulés lors de l'armistice; et ce n'étaient encore là que les moindres exigences. Le Saint-Père devait en outre s'engager pour le présent et pour l'avenir à traiter les ennemis de la France comme ses ennemis déclarés, — ce qui nécessairement interrompait tous ses rapports avec l'univers chrétien, — accorder des privilèges exorbitants aux moindres agents français, dont les demeures seraient devenues autant de refuges pour les perturbateurs; enfin supprimer la congrégation de l'Inquisition, et, suprême outrage! proclamer dans ses Etats la liberté des cultes.

Ainsi se développait le plan du Directoire. Des pourparlers de Milan à l'armistice de Bologne et aux négociations de Paris, il semblait avoir pris à tâche de multiplier ses prétentions en raison même des obstacles opposés; à Florence enfin, il venait sommer le Pape de se faire son vassal, et, selon l'expression de Cacault, de lui reconnaître « la même autorité de fait que le Grand Seigneur sur le patriarche de Constantinople ». A la violence du fond répondait la brutalité de la forme, et, par une ironie nouvelle, les envoyés soi-disant plénipotentiaires de la France n'avaient pouvoir d'accorder ni la concession d'un mot, ni une heure de répit.

Les mauvais coups s'exécutent dans l'ombre. Aussi était-ce dans la nuit même qu'on voulait la réponse du ministre pontifical. A peine Caleppi eut-il achevé la lecture du projet de traité, qu'Azara lui demanda s'il comptait l'accepter. Il déclara que cela était impossible. — « Alors, reprit l'ambassadeur, que comptez-vous faire? — Envoyer immédiatement un courrier à Rome et partir moi-même tout à l'heure. » Azara approuva la première détermination, combattit la seconde, et entreprit à nouveau de représenter au prélat tous les dangers que son attitude ferait courir au Saint-Siège. Mais Caleppi ne s'attarda plus à écouter des conseils dont les mobiles lui échappaient; il donna aussitôt l'ordre d'atteler son carrosse, et se mit en route pour Rome. — Les commissaires lui avaient accordé six jours seulement pour aller demander au Pape son dernier mot.

Les pourparlers, on le voit, n'avaient pas été longs, et comme Pieracchi lors de son expulsion de Paris, Caleppi remportait de Florence, sans en avoir pu faire usage, le projet de conciliation dont il était chargé. Ainsi par deux fois le Souverain Pontife avait fait preuve de la plus large bienveillance à l'égard de la république nouvelle, et par deux fois, ce gouvernement, aveuglé par sa haine, ne lui avait même pas laissé ouvrir la bouche. Qu'aurait-on pu faire de mieux pour donner raison à ceux qui pensent qu'à tendre la main aux sectaires, on risque trop souvent d'être victime et toujours d'être dupe?

Caleppi arriva à Rome le 12 septembre au soir; dès le lendemain matin, il soumettait au cardinal secrétaire d'Etat son rapport[1], et tous les cardinaux étaient invités à se rendre au Consistoire solennel qui se tiendrait le soir même. La nouvelle de la rupture se répandit rapidement dans la ville, et on vit aussitôt circuler un bulletin annonçant qu'une guerre de religion allait être déclarée; le Pape, ajoutait-on, « dit qu'il veut terminer avec honneur les derniers jours de sa vie et que Dieu fera le reste ». En transmettant cette feuille au ministre des relations extérieures, Cacault[2] dépeignait la situation sous des couleurs assez différentes : ici « on est frappé comme de la foudre..., la nouvelle de nos dernières victoires est arrivée en même temps (que celle du traité). C'est ce qui peut le faire passer. J'aurai demain de plaisantes conférences à soutenir au sujet de ce traité qu'il faut accepter ou rejeter dans six jours. »

Il n'en devait rien être. L'heure n'était plus aux conférences, et la longanimité du Saint-Siège, dont on s'était joué trop longtemps, était arrivée à son terme. Quand le Consistoire fut assemblé, en la présence du Saint-Père, le plénipotentiaire fit un exposé de la situation, précis et bref, présenta les projets que lui avaient remis les commissaires, et le sacré collège fut aussitôt appelé à les discuter. Suivant la tradition, chacun des cardinaux dut successivement prendre la parole et émettre un suffrage motivé. Pendant ce temps, Caleppi, la plume à la main, inscrivait, l'un après l'autre, chacun de ces votes. C'est sa note même que j'ai sous les yeux.

[1] *Relazione umiliata all' Eminentissimo Segretario di Stato*, etc. (Arch. Vat. — Papiers de Caleppi, 12.)
[2] Rome, 26 fructidor an IV.

Elle nous introduit dans le secret du Consistoire, à l'instant le plus grave, et rien n'est saisissant, — ai-je besoin de le dire? — comme la scène qu'elle fait revivre. Il semble que l'on voie passer devant soi, dans un solennel défilé, tous ces princes de l'Église, se relevant un moment de la tombe, à l'appel de leur nom, pour répondre une fois encore à ceux qui osèrent leur offrir la paix au prix de la trahison.

Le cardinal-doyen parle le premier; il se prononce formellement contre le traité et ajoute, d'après le résumé de Caleppi : « Qu'on s'arme. — Une proclamation. — Inviter Cacault à se retirer. — S'allier avec Naples. » Le cardinal duc d'York opine de même contre le traité et pour la guerre. Antonelli, Archinto, Caraffa, unanimes sur le point principal, sans hésitation comme sans défaillance, déclarent repousser l'ultimatum du Directoire. Sur le mode d'action seulement, les opinions variaient. Quelques membres du sacré collège, Busca, secrétaire d'Etat alors en charge, Roverella, Ant. Doria, bien que parfaitement fermes dans leur refus, étaient d'avis de gagner du temps pour organiser la résistance ou, comme le demandait doucement della Somaglia, parce qu'il fallait malgré tout « avoir à cœur le salut des Français ». Mais le plus grand nombre rejetait tout délai. « Puisque nous n'espérons aucun adoucissement, dit Borgia, il faut une réponse catégorique. — Qu'on brise immédiatement, s'écrie Braschi. » Le vieux cardinal de Zelada, interrogé à son tour, répond avec la même énergie antique : « Non (pour le traité) *e che si rompa!* » Livizzani, enfin, élève encore plus haut la voix : il veut une bulle pour prêcher la croisade, déclarer en état de péché quiconque combattra pour l'ennemi, accorder des indulgences à qui combattra contre lui.

Le vote achevé, il fallut formuler la décision. Consalvi avait préparé un projet de note qui fut soumis au Consistoire; mais cette pièce, quoique précise dans ses conclusions, était longue, enveloppée d'explications qui auraient pu sembler des excuses et des protestations d'amitié où le Directoire eût sans doute vu de la faiblesse. L'amitié, d'ailleurs, venait-elle bien à son heure? Le sacré collège estima qu'il fallait une réponse plus ferme, et Caleppi fut chargé de la rédiger. Le lendemain, 14 septembre, au matin, il la porta au Saint-Père et lui en fit la lecture. Dans un langage sobre et d'une parfaite dignité, ce document exposait l'impossibilité absolue pour le Saint-Siège de retirer les censures et d'accepter des clauses « préjudiciables à la religion catholique et aux droits de l'Eglise ». Il se terminait une fois encore par l'espérance que le Directoire exécutif voudrait bien « considérer les puissants motifs qui ont contraint la conscience de Sa Sainteté à un refus qu'Elle serait obligée de soutenir au péril même de sa vie. » A ces mots le lecteur s'arrête et, tournant les yeux vers le Souverain Pontife :

— Votre Sainteté a-t-elle bien entendu ces mots?...

— Oui, reprend résolument le Pape, oui... *au péril même de la vie*[1].

Le sort en était jeté; Caleppi repartit sur-le-champ pour Florence, et, à peine arrivé, remit aux commissaires la réponse officielle du Saint-Père[2].

Cette réponse, j'allais dire ce défi opposé aux menaces du Directoire, appelait de promptes représailles. Mais, tout au contraire, surpris que de si grandes menaces n'obtinssent qu'un si médiocre résultat, les agents du gouvernement français paraissaient désormais éprouver la consternation qu'ils avaient tenté d'inspirer. Ils refusèrent tout d'abord d'accepter comme définitive la déclaration du plénipotentiaire pontifical, sous le prétexte qu'elle portait la signature du chevalier d'Azara qu'ils ne reconnaissaient pas, disaient-ils, comme médiateur. Caleppi se borna à confirmer le document et attendit. Azara proposa alors l'arbitrage du roi d'Espagne, et les mêmes commissaires qui venaient de repousser sa médiation s'empressèrent d'accueillir cette nouvelle espérance de paix. Le Saint-Père ne la rejeta pas, mais il fit des réserves. « Sa Sainteté, écrivait le cardinal secrétaire d'État à Caleppi[3], n'entend y consentir qu'en ce qui concerne le temporel, et jamais en rien de ce qui a trait à la religion, aux matières ecclésiastiques ou à ce qui en dépend.

[1] Je tiens ce détail de M. le commandeur J.-B. de Rossi, auquel son père l'avait maintes fois raconté.

[2] M. Léon Séché qui a publié récemment sur *les Origines du Concordat* un ouvrage où abondent les pièces intéressantes a cru devoir émettre (I, 40) l'opinion suivante : « La question du retrait des brefs qui fut la cause apparente de la rupture de l'armistice pourrait donc bien n'avoir été que secondaire, et rien ne prouve que Pie VI aurait refusé cette satisfaction au Directoire, si on lui avait laissé les légations de Bologne et de Ferrare, car il était aussi jaloux de son pouvoir temporel que de son pouvoir spirituel, et la correspondance de Cacault et d'Azara nous apprend... que le sacré collège était partagé d'opinion sur le point de savoir s'il était contraire à la religion et aux canons de l'Eglise de retirer des brefs et des bulles de cette sorte. »

Je ne crois pas nécessaire de beaucoup insister pour faire voir que tout s'accorde, au contraire, à détruire ces conjectures que M. Séché, dans son impartialité, n'aurait assurément pas émises, s'il avait pu connaître les documents aujourd'hui restitués à l'histoire.

[3] Arch. Vat. — Papiers de Caleppi. Le cardinal Busca à Mgr Caleppi. Rome, 22 et 26 septembre 1896.

Sur tous ces points, Elle seule est juge et ne peut partager avec aucune autre personne l'autorité qu'Elle tient de Dieu. » Puis, redoutant encore quelque surprise, Busca ajoutait : « Dans toutes vos négociations et tous vos discours, rappelez-vous toujours ce principe qui est de la plus haute importance, et ôtez de l'esprit de qui que ce soit l'idée que le Saint-Père puisse jamais revenir sur les déterminations et les mesures qu'il a déjà prises quant à ce qui concerne la religion et l'Eglise. »

Cette déclaration est nette. Veut-on savoir pourtant les illusions qu'à ce moment-là même le ministre de France entretenait à Paris? Il suffit d'ouvrir la correspondance de Cacault; le rapprochement est piquant : « Je prévois, écrivait-il au ministre des relations extérieures[1], qu'au retour de M. Caleppi de Florence, une nouvelle congrégation de tous les cardinaux sera assemblée. Il ne serait pas impossible qu'on prit enfin le seul parti raisonnable : celui de se jeter avec une soumission entière dans les bras du Directoire, et d'envoyer à Paris un cardinal ambassadeur pour demander quelques adoucissements aux traités et signer tout ce qu'on voudra. »

Il est juste d'ajouter que c'est dans une dépêche officielle que Cacault insérait cette singulière appréciation, et cet agent, qui, à d'autres moments, se qualifiait lui-même de « révolutionnaire corrigé », tenait à avoir l'oreille des Directeurs. Mais l'erreur, peut-être involontaire, qu'il commettait aurait pu s'accréditer. Afin donc que personne n'eût lieu de se méprendre sur sa situation réelle, le Pape fit remettre une note diplomatique aux puissances, en même temps qu'il adressait une proclamation à son peuple. Il entendait, disait-il, demeurer sur la défensive, tout en chargeant d'avance, dans le cas où les Français envahiraient ses États, « tous les évêques, curés et magistrats d'encourager le peuple à prendre les armes, au besoin en faisant sonner le tocsin ». Des levées de milices et de troupes de lignes furent en même temps ordonnées et, aussitôt réunies, massées sur les frontières du côté de Pérouse, Viterbe et Civitâ-Vecchia. Une garde civique de 4000 hommes devait défendre Rome. « Le mot de (guerre de) *religion*, bien qu'il n'ait pas encore été prononcé, écrivait, au milieu des armements, le cardinal Busca[2], a donné à tous du courage, et la guerre ne fait plus si peur. Des offres généreuses sont faites par *les Barons*, en particulier par Conestabile, par le prince Giustiniani et d'autres, et il ne manque pas de simples particuliers aisés pour suivre cet

[1] De Rome, le jour complémentaire de l'an IV.
[2] Le cardinal Busca à Mgr Caleppi; Rome, 6 octobre 1796

exemple. » De la ville, l'émotion gagna bientôt les provinces, se répandit dans la péninsule entière, et Azara, demeuré à Florence, mandait au prince de la Paix : « On ne peut s'imaginer l'effervescence qu'a produite dans toute l'Italie la dureté avec laquelle ils ont voulu traiter le Pape... La chose en est arrivée au point que si Bonaparte éprouve le moindre contre-temps, toute l'Italie se lèvera en masse..., et pas un Français ne repassera les Alpes, car les pierres mêmes se tourneront contre eux[1]. »

Aussi était-on plus attentif que jamais à Rome aux nouvelles qui arrivaient du dehors, et bien que le cardinal secrétaire d'Etat eût ses propres courriers, Cacault mettait une obligeance toute particulière à joindre à ses informations celles qu'il recevait lui-même des armées françaises. Elles étaient, il s'entend, toujours victorieuses, et cela même eût été plaisant si la situation n'avait pas été aussi grave. Le 27 septembre, par exemple, le cardinal Busca écrit à Caleppi que le courrier de Vienne a apporté le matin des nouvelles intéressantes de la guerre en Allemagne : l'archiduc Charles a battu à plusieurs reprises le général Jourdan, 6000 Français sont tués, 2000 prisonniers, 100 pièces de canon enlevées. Les armes autrichiennes remportent aussi, dit-on, des succès en Italie. *Wurmser aurait fait sa jonction avec la garnison de Mantoue assiégée;* un corps de 12 000 Français serait en Tyrol, coupé du reste de l'armée. Puis, cette même lettre se termine par le *post-scriptum* suivant :

« M. Cacault me fait tenir à l'instant même une feuille imprimée annonçant des victoires des Français en Italie. *Wurmser, avec les faibles restes de son armée, se serait réfugié à Mantoue...* »

Presque chaque jour, l'agent français glissait au cardinal secrétaire d'Etat de semblables messages destinés à lui inspirer de salutaires réflexions. Mais ces efforts étaient vains. Les préparatifs de guerre se poursuivaient sous ses yeux à son grand étonnement, et d'autres incidents allaient encore sous peu accroître singulièrement sa contrariété. En effet, le Pape, sans déclarer l'armistice rompu, en fit tout naturellement suspendre les conséquences. Ordre fut donné de ramener un troupeau de bœufs et de taureaux que l'on dirigeait sur Bologne. Les statues furent déballées et remises en place, et on arrêta également le payement des 400 000 écus déjà envoyés à Rimini. Tant que les pourparlers avaient duré, une barque était restée en observation dans le port, pour soustraire ce dépôt à un coup de main possible; après l'échec

[1] Le chevalier d'Azara au prince de la Paix, 20 et 30 septembre 1796. (Archives de Alcala de Henarès). Voy. Séché, *op. cit.*

des négociations, le secrétaire d'État le fit rapporter à Rome. A cette nouvelle, Cacault se montra tout particulièrement ému ; il courut chez Mendizabal, secrétaire de l'ambassade d'Espagne et fit dire par lui au cardinal Busca que, « comme les caisses contenant cette somme portaient le cachet des commissaires français, ce serait une infraction que de les faire revenir ». Sans discuter ce que le mot d'infraction présentait d'étrange, alors que tout était brisé entre la France et Rome, le cardinal répondit fort doucement qu'il n'y avait aucune inquiétude à concevoir, car les cachets ne seraient certainement pas touchés, mais qu'il lui semblait préférable que ces caisses demeurassent provisoirement auprès de lui [1]. Cette assurance ne parut pas tranquilliser l'envoyé français. Force lui fut toutefois de s'en contenter, puisque Rome ne voulait pas entendre raison et mettait tant de mauvais vouloir à fournir à qui menaçait de l'envahir les moyens d'y arriver.

Enfin, sentant que, malgré toutes ces dispositions, ses forces réunies ne sauraient offrir à l'ennemi qu'une résistance bien inégale, le gouvernement pontifical cherchait encore à s'assurer des alliances. Il faisait demander par Mendizabal, l'appui de son souverain, envoyait le cardinal Albani auprès de l'Empereur et négociait activement un traité d'union avec Naples. Le marquis del Vasto vint dans ce but à Rome, fut reçu avec honneur au palais Farnèse, et, au cours d'entretiens nombreux avec le Pape et avec son secrétaire d'État, jeta les bases de l'alliance. On parlait de 8000 hommes de troupes papales et de 15 000 Napolitains, sous le commandement du roi en personne, et les pourparlers furent bientôt avancés à ce point que le cardinal Busca écrivait : « Notre négociation va si bien qu'on peut presque dire qu'elle est parvenue à son terme..., et j'espère que, peut-être avant le départ de cette lettre, le courrier de Naples apportera à M. le marquis del Vasto l'autorisation de signer [2]. Averti par la rumeur publique, Cacault s'agita une fois de plus ; le 6 octobre, au matin, il envoyait au secrétaire d'État une note annonçant son départ. Quelques heures après, il lui en adressait une autre l'informant qu'il ne partait plus, car on lui avait affirmé que le traité n'était pas signé ; et le cardinal, qui racontait ces détails à Caleppi, ajoutait avec une pointe de malice : « Il partira bientôt, et ce pourrait bien être aujourd'hui même ». Mais, pendant que l'envoyé du roi négociait ainsi avec le Saint-Siège, Acton, son ministre, envoyait au prince de Belmonte, à Paris, l'ordre de traiter avec le Directoire, et la nouvelle que Naples avait conclu la

[1] Le cardinal Busca à Mgr Caleppi ; Rome, 26 septembre 1796.
[2] Le cardinal Busca à Mgr Caleppi ; Rome, 6 octobre 1796.

paix éclata à Rome, aussi soudaine qu'inattendue. On ne peut imaginer la stupeur que provoqua ce coup de théâtre. Azara lui-même, informé d'avance, se refusait à y croire, déclarant que « ce serait une perfidie dont l'histoire n'aurait pas d'exemple ». Rien pourtant n'était plus vrai.

Plus que jamais l'État pontifical semblait donc une proie facile à conquérir. Il était isolé au sud; la triomphante armée d'Italie était presque à ses portes; comment expliquer, pourtant, que trois semaines se fussent déjà écoulées depuis la rupture des rapports sans que la tempête dont elle devait être le signal eût encore éclaté? Le motif en était fort simple. Bonaparte, alors à la tête de l'armée, venait de se faire investir des pleins pouvoirs militaires; les pouvoirs politiques en découlaient de fait; il devenait donc le maître de tout régler à son gré. Or, sans être fort dévot, il ne partageait pas les haines du Directoire et n'entendait pas davantage servir ses passions, montrant d'ordinaire, suivant la plaisante expression de Sybel, « pour les décisions de son gouvernement, à peu près autant d'égards qu'un monarque belligérant pour les vœux exprimés par une grande puissance voisine ». Il avait mis le siège devant Mantoue, et était impatient de franchir les Alpes pour porter la guerre dans les Etats héréditaires de l'Empereur. Ce plan ne pouvait se concilier avec une expédition sur Rome, où il eût perdu du temps, immobilisé des troupes et remporté peu de gloire. Mieux valait à tous égards, au lieu d'une guerre sans éclat, une paix pleine de profits, et les 16 millions de l'armistice, dont il avait un pressant besoin, tentaient bien autrement le général qu'une ville désertée dont il ne saurait que faire. Mais cette paix elle-même présentait plus de difficultés que la guerre, car Rome, forte de sa position et drapée dans sa dignité, attendait sans rien demander. On vit alors Bonaparte, avec la merveilleuse souplesse de son génie, se transformer, et le conquérant, accoutumé aux coups durs et rapides, se montrer négociateur souple et patient. Pendant deux mois entiers, il mit en œuvre toutes les ressources de sa diplomatie, pour éclairer sur ce qu'il assurait être ses véritables intérêts le Saint-Père peu pressé à son tour de conclure un traité que son adversaire désirait si ardemment. Les rôles semblent ainsi complètement intervertis, et ce n'est pas un des spectacles les moins curieux de cette histoire que le guerrier poursuivant la paix avec opiniâtreté, pendant que le pacifique Pontife prépare la guerre.

Cette campagne d'un nouveau genre s'ouvrit par une visite de Cacault au cardinal Busca. Elle demeura sans résultat. Quelques jours après, second message : le même agent transmet au secrétaire d'Etat une lettre de Bonaparte demandant si la cour romaine avoue une proclamation récente qui pousse les peuples à la guerre. Le cardinal garde le silence, et Cacault ne peut que rendre compte au général de l'insuccès de sa mission [1]. Celui-ci conçoit cette fois le dessein de faire intervenir le cardinal Mattei, archevêque de Ferrare, qu'il tenait en grande estime depuis la fière réponse qu'il avait reçue de lui [2], et, le 30 vendémiaire an V, il lui écrit, feignant d'accorder ce qu'en réalité il demande et rachetant pour ainsi dire par la violence de la forme la modération de ses ouvertures :

« La cour de Rome veut la guerre, elle l'aura. Mais avant de pouvoir, de sang-froid, prévoir la ruine et la mort des insensés qui voudraient faire obstacle aux phalanges républicaines, je dois à ma nation, à l'humanité, à moi-même, de tenter un dernier effort pour ramener le Pape à des conditions plus modérées, conformes à ses vrais intérêts, à son caractère et à la raison. Allez à Rome, voyez le Saint-Père, éclairez-le sur ses vrais intérêts... Le gouvernement permet encore que j'écoute des propositions de paix, tout peut s'arranger... » Le cardinal se rendit à Rome, eut une audience du Pape et fut reçu par la Congrégation d'État, mais il n'obtint pas davantage : le Saint-Siège ne pouvait qu'attendre les propositions, non en faire, et le général *écouterait* en vain, on n'avait rien à lui offrir.

Une semaine s'écoule et Bonaparte s'inquiète; il rappelle à Cacault (Vérone, 7 brumaire, — 28 octobre 1796) que le Directoire lui a donné de pleins pouvoirs pour la paix ou la guerre; qu'il aime « bien mieux être le sauveur que le destructeur du Saint-Siège. Donnons la paix à cette belle partie du monde et la tranquillité aux âmes », et le charge en conséquence d'ouvrir de nouvelles négociations. Bien qu'il n'eût pas été heureux lors de ses derniers messages, Cacault invita aussitôt le cardinal secrétaire d'État à désigner un plénipotentiaire. Instruit par sa récente et douloureuse expérience, le cardinal ne répondit pas.

Depuis longtemps déjà, l'agent de France trouvait sa présence à Rome inutile et désirait se retirer, mais des ordres incessants

[1] Cacault à Bonaparte, 10 et 17 octobre 1796.

[2] On sait qu'après l'armistice de Bologne, le cardinal Mattei fit réoccuper par les troupes papales la ville de Ferrare qu'évacuaient les Français. Irrité de ce fait, Bonaparte manda l'archevêque à son quartier général de Brescia, et aussitôt : « Savez-vous, Monsieur le cardinal, que je pourrais vous faire fusiller? — Vous en êtes le maître, répondit Mattei avec calme, je ne demande qu'un quart d'heure pour me préparer. — Il n'est pas question d'un quart d'heure, reprend le général... Comme vous êtes animé!... Pourquoi avez-vous occupé ma citadelle? Dans votre cour, Éminence, vous avez mauvaise opinion de mes dispositions. Détrompez-vous. Que l'on traite avec moi. Je suis le meilleur ami de Rome. »

de Bonaparte l'y retenaient : « Maintenez-vous à Rome jusqu'à la dernière extrémité », écrivait-il le 11 vendémiaire; puis, le 15 : « Continuez, quelque chose qui arrive, de rester à Rome, à moins que vous ne soyez chassé officiellement »; et le 18 : « Restez à Rome à moins de raisons majeures; si jamais vous sortez, il faut que, vingt-quatre heures après votre départ, la foudre gronde. » Le 26 vendémiaire et le 8 frimaire enfin, mêmes injonctions d'avoir patience.

Mais la patience était chose difficile dans la situation à laquelle se trouvait réduit l'envoyé français. Il vivait retiré et sans le moindre éclat, ce qui le faisait appeler par d'agréables compatriotes le ministre sans-culottes, et la cour pontificale le tenait à l'écart, alors même qu'il venait au nom de son gouvernement lui porter de bonnes paroles. Il offrait la paix, on lui opposait le silence, et force lui était encore de se tenir pour satisfait. Cette position était assurément peu digne d'envie. Aussi, voyant que ses nouvelles ouvertures ne recevaient pas meilleur accueil que les précédentes, s'en plaignait-il à toute occasion : « Il y a aujourd'hui vingt-trois jours que j'ai fait la déclaration », écrit-il le 13 frimaire, assez déconcerté. Puis, comme les semaines succèdent aux jours, il les compte avec un désespoir quelque peu comique [1] : « Il y a 37 jours, 41, 50, 69 jours »; enfin, le 7 pluviôse : « Il y a deux mois et demi, s'écrie-t-il, que nous proposons la paix sans qu'on daigne nous répondre. La peur ne gagne ni le Pape, ni ses ministres, ni les Romains... Ces messieurs veulent voir s'il leur convient ou non d'entrer en négociations avant de répondre... » C'était, à ses yeux, simple outrecuidance, et il conclut sentencieusement : « Rome est dans un délire révoltant et qui fait pitié. »

Bonaparte, qui n'était pas chaque jour aussi accommodant, ne se décourageait pourtant point encore, et l'année ne devait pas s'achever sans une nouvelle tentative. Recevant à Bologne, vers la fin de décembre 1796, le marquis Manfredini, premier majordome du grand-duc de Toscane, il lui confia à son tour son vif désir de faire la paix avec le Pape à des conditions douces et sans parler de religion. Manfredini s'en fut aussitôt transmettre ce message au nonce de Florence, qui en informa le cardinal secrétaire d'État; mais celui-ci, remerciant de la bonne intention, répondit qu'il faudrait autre chose que ce discours « académique » pour déterminer la reprise des négociations.

Pendant ce temps, les préparatifs de la guerre occupaient tout

[1] Cacault au ministre des relations extérieures, 13 et 27 frimaire, 2, 11 et 30 nivôse. Cacault à Bonaparte, 7 pluviôse.

entière l'activité de Rome. L'armée pontificale comptait déjà 10 000 hommes; le jour des Rois de la nouvelle année 1797, avait lieu à Saint-Pierre, en grande pompe, la bénédiction des drapeaux ornés d'images de saints et du labarum de Constantin avec la devise : *In hoc signo vinces.* Au même moment on annonçait le général Colli, que l'Empereur envoyait pour commander l'armée, et le cardinal Busca allait en personne l'attendre à deux postes en dehors des murs. Son entrée dans la ville était triomphale; le Pape le recevait avec émotion et le peuple au théâtre l'acclamait avec transports, quand soudain un cavalier arrive en toute hâte et remet à Cacault, de la part du général en chef de l'armée d'Italie, la lettre suivante :

Quartier général de Vérone, 3 pluviôse an V.

« Vous aurez la complaisance, citoyen ministre, de partir six heures après la réception de la présente lettre, et vous rendre à Bologne. On vous a abreuvé à Rome d'humiliations, on a tout fait depuis trois mois pour vous faire sortir. Soyez sourd aujourd'hui à toute sollicitation, et quelque chose qu'on fasse pour vous retenir, partez. »

Que s'était-il donc passé? Bonaparte ne parlait que des humiliations dont, à vrai dire, il n'était pas besoin de trois mois pour s'apercevoir; mais le véritable motif de cet ordre était autre. En effet, un courrier du Pape venait d'être saisi dans les lignes françaises; ses dépêches avaient été ouvertes au quartier général, et, parmi elles, un pli du secrétaire d'État adressé au cardinal Albani, à Vienne. Dans cette lettre, datée du 7 janvier 1797, le ministre de Pie VI disait en résumé : Nous désirons toujours l'alliance autrichienne. Voyez M. de Thugut; tant que nous pourrons l'espérer, nous nous refuserons à traiter avec la France qui en a le plus ardent désir, et ne cesse de nous y inviter par tous les moyens. Pour appuyer cette affirmation, le cardinal joignait à sa dépêche la copie de celle du nonce de Florence relatant les dernières insinuations de Bonaparte à Manfredini, et la réponse négative de la cour de Rome.

A la lecture de ces lignes, le général tressaillit. Le silence de Rome cachait donc des projets secrets; ses propres ouvertures servaient à lier alliance contre lui; il était joué! En proie à une violente colère, il rappela, comme on l'a vu, Cacault, et écrivit une fois encore, mais sur un ton fort différent, au cardinal Mattei, en lui communiquant les documents qu'il avait surpris. Dites au Pape et au peuple que nous viendrons, concluait-il, qu'ils n'ont rien à craindre pour leur sécurité ni pour « la religion de nos pères », mais que nous mettrons fin à la dégradation de l'Italie. Puis, peu après, il lança deux proclamations[1] : l'une déclarait l'armistice rompu, l'autre annonçait avec quelque emphase l'entrée des troupes dans les Etats pontificaux : « Le soldat français porte d'une main la baïonnette, sûr garant de la victoire, offre de l'autre... paix, protection et sûreté. Malheur... à la vengeance d'une armée qui a, dans six mois, fait 100 000 prisonniers des meilleures troupes de l'Empereur, pris 1000 pièces de canon, 110 drapeaux et détruit cinq armées! »

Il n'était certes pas besoin de tant de menaces, car la marche de 12 000 hommes aussitôt mis en mouvement ne fut guère qu'une promenade militaire. Le 5 février, en effet, Bonaparte écrase, sur le Senio, l'armée pontificale; deux ou trois coups de canon brisent les portes de Faenza, où la troupe entre au pas de charge pendant que le tocsin sonne; le 8, elle est à Ancône, dont la garnison se rend à la première sommation; le 9, elle occupe Lorette[2]. Partout les Romains se débandent à son approche et, dans leur fuite, ils se heurtent aux députés des villes plus lointaines qui viennent spontanément apporter au vainqueur leurs clefs et leur soumission. Enfin, à Tolentino, Bonaparte s'arrête, attendant là, dit assez pompeusement M. Thiers, « les effets de la clémence et de la peur ».

A Rome, les premiers bruits de défaite furent accueillis avec incrédulité; on soupçonnait quelque piège jacobin; mais l'illusion ne dura guère. Des courriers arrivaient d'heure en heure, porteurs de sinistres nouvelles. L'un assurait avoir rencontré 800 soldats du Pape que les Français emmenaient prisonniers; un autre avait été arrêté, puis relâché par Bonaparte, avec ce message : que *Sa*

[1] Bologne, 13 pluviôse an V (1er février 1797). — En même temps, et comme contre-partie de la protestation publiée par le Saint-Père, Bonaparte faisait imprimer à Bologne un mémoire intitulé : *Raccolta di documenti riguardanti le presente emergenze tra la Repubblica francese e la Corte di Roma.* Accompagné des pièces officielles et rédigé en italien, ce récit par lequel le général cherchait à s'appuyer sur l'opinion publique était, comme le disait justement Caleppi, le plus habile des manifestes de guerre.

[2] Les troupes françaises n'entrèrent pas à Assise, arrêtées, s'il faut en croire un récit inédit du temps, par un prodige digne de faire suite aux charmantes *Fioretti* de saint François. Un détachement s'avançait pour occuper la ville; la population émue implore son saint avec ardeur, et presque aussitôt les chevaux de la troupe s'arrêtent, refusent d'avancer et un contre-ordre les rappelle. Des officiers et des soldats de la République vinrent de Pérouse et de Foligno visiter pieusement le sanctuaire, demandèrent des reliques et laissèrent même des aumônes. Rentrant aux cantonnements, les soldats attachaient une image de saint François à leur coiffure et s'en allaient disant : *Celui-là est un grand saint, un grand général!* (Arch. Vat. — Pièces relatives à la Révolution française).

Sainteté l'avait obligé de tirer l'épée et qu'il ne la remettrait dans son fourreau qu'au Capitole; le général Colli lui-même confirmait la déroute complète de l'armée pontificale et la marche foudroyante des Français. Pour comble de malheur, on apprit enfin, coup sur coup, l'échec des négociations d'Albani à Vienne, la reddition de Mantoue et l'écrasement des Autrichiens. Aussi, en quelques heures, la ville fut-elle dans un complet désarroi. Un Consistoire tenu de nuit décida le départ immédiat du Pape; les préparatifs en furent rapidement faits, et déjà le Saint-Père allait quitter ses appartements, quand on lui annonça encore un député de Bonaparte.

Celui-ci, qui redoutait précisément la fuite du Pontife, avait, en traversant Forli, dépêché à Rome en toute diligence le P. Fume, général des Camaldules, porteur d'une lettre de l'archevêque de Ravenne et d'assurances destinées à le retenir : « Vous direz à Pie VI que Bonaparte n'est pas un Attila et que, quand il en serait un, le Pape devrait se souvenir qu'il est le successeur de Léon. » Moins convaincu peut-être par ces déclarations qu'inquiet des représailles que provoquerait son départ, le Pape renonça à quitter Rome. Le lendemain, 12 février, à midi, arrivait une autre estafette du général Colli, insistant sur l'imminence du danger et la nécessité de traiter de la paix, puisque la guerre n'était plus possible. Enfin, le cardinal Mattei recevait de son correspondant, vraiment infatigable, un nouveau pli : « Je veux bien encore, disait Bonaparte, prouver à l'Europe entière la modération du Directoire... en accordant cinq jours pour envoyer un négociateur qui se rendra à Foligno, où je me trouverai et où je désire pouvoir contribuer en mon particulier à donner une preuve éclatante de la considération que j'ai pour le Saint-Siège[1]. »

Quand ce message parvint à Rome les plénipotentiaires pontificaux étaient déjà sur la route du quartier général. La négociation allait prendre une allure plus vive et aboutir enfin à l'entente désirée.

Mais si vraiment l'acquiescement du Pape à de nouveaux pourparlers devait suffire à obtenir un traité honorable, n'est-on pas surpris que Pie VI ne soit pas entré plus tôt dans cette voie, et n'ait pas avec plus d'empressement accepté la paix que si ardemment il souhaitait? Sans doute, l'attitude expectante du Saint-Siège avait été fort digne; elle eût été habile si elle avait réussi. Sans doute encore, la lutte et la défaite avaient du moins sauvé l'honneur; mais on est assez naturellement porté à se demander si,

[1] Ancône, 25 pluviôse an V (13 février 1797). *Correspondance de Napoléon Ier*, 1493.

quand il s'agissait de sauvegarder les intérêts de l'Eglise, la prudence permettait de repousser la main que Bonaparte n'avait pas toujours coutume de tendre avec autant de patience. Conclue à Vérone, par exemple, la paix n'eût-elle pas été plus douce qu'à Tolentino?

La sévérité sur le passé est facile; mais en l'exerçant ici on risquerait fort de méconnaître le caractère tout spécial des faits que nous racontons? Assurément, si le Pape eût capitulé avant que les troupes françaises eussent pénétré au centre de ses Etats, il n'aurait pas eu à faire d'aussi fortes cessions territoriales; mais sur la question religieuse, principal si ce n'est unique objet de ses sollicitudes, il eût certainement trouvé le général plus intraitable. La résistance força son estime au lieu de décourager ses efforts, et quand celui qui osait ainsi se montrer insensible aux menaces et sourd aux invites n'était qu'un vieux prêtre et le prince le plus faible de l'Europe, risquant son trône et sa vie pour la défense d'un principe, Bonaparte, en politique avisé, dut comprendre qu'avec un tel principe, il fallait, non pas lutter, mais transiger.

C'est la dernière phase de cette négociation, et non la moins curieuse, qu'il nous reste à connaître.

III

Le général Bonaparte. — Reprise des négociations. — Dernière lutte. — Signature du traité de Tolentino.

La députation envoyée au général Bonaparte était composée du cardinal Mattei, du marquis Massimi et de Mgr Caleppi. Celui-ci fut le seul véritable négociateur, et ce sont encore ses papiers[1] qui vont nous restituer les scènes émouvantes qui précédèrent la signature du traité.

Partis dans la nuit du dimanche, 12 février, les plénipotentiaires romains rencontrèrent entre Baccano et Monterosi le courrier dépêché par le général au cardinal Mattei, et le 14, à deux heures de l'après-midi, ils arrivèrent à Foligno où ils durent attendre leurs passeports. L'approche de l'ennemi se faisait déjà sentir. Une proclamation affichée par les ordres du général Victor et adressée au peuple romain l'assurait que l'armée envahissante n'était composée que de frères et d'amis, accourant pour le délivrer des méchants et garantir sa félicité. Propriétés, personnes, religion,

[1] Arch. Vat. — Papiers de Caleppi, dossier n° 15. — Voy. aussi *Spic. Vat.*; fasc. III.

seraient scrupuleusement respectées, s'il se rendait à la générosité française. Mais « si quelqu'un s'obstinait à chercher son malheur en s'armant..., qu'il tremble!... La mort est le sort qui l'attend. » Aussi les habitants devaient-ils livrer leurs armes dans les vingt-quatre heures, ordre assez inutile d'ailleurs, car déjà les troupes romaines elles-mêmes, terrifiées par la marche rapide de l'envahisseur, commençaient à se débander. Peu d'heures avant l'arrivée des plénipotentiaires, un corps de 400 hommes venait, à la seule vue des vedettes françaises, d'abandonner le poste de Serravalle, laissant ainsi ouvert le passage des Apennins, et Colli, contraint de se retirer à Spolète, disait aux négociateurs : « Courez, faites la paix à tout prix! »

Le lendemain, au sortir de Foligno, les envoyés du Pape croisaient l'artillerie française qui avançait déjà, et, le jeudi, ils parvenaient à Tolentino. Bonaparte y arriva en même temps. Le soir même, il reçut, avec une parfaite courtoisie, la première visite des ambassadeurs pontificaux et la leur rendit aussitôt, suivi de tout son état-major; on convint d'une suspension d'armes pendant la négociation et encore d'un délai de quarante-huit heures pour informer le Saint-Père au cas de désaccord final. Les Romains, charmés de cet accueil, étaient remplis d'espérance.

Il n'en fut plus de même, hélas! le matin suivant. Dès l'ouverture des conférences, en effet, Bonaparte se plaignit amèrement qu'au lieu d'exécuter les conditions de l'armistice, le Pape eût fait des armements, cherché des alliances auprès des ennemis de la République, et refusé de répondre à la note de Cacault. Les plénipotentiaires repartirent avec assez de justesse que le Directoire était seul responsable du fait, car, en faisant la guerre au Saint-Père, il l'avait obligé à employer à sa propre défense les sommes encore dues et à s'assurer des appuis étrangers; quant au message transmis par Cacault, Sa Sainteté était trop loyale pour lui faire une réponse qui serait forcément demeurée vague et incertaine.

« Au fond, répliqua le général, vous autres, vous espériez en l'Empereur, et si Mantoue n'était pas tombée, nous aurions perdu les fruits de l'armistice. Mantoue est tombée, et il est juste que vous en payiez les frais. »

Entrant alors dans le vif de la question :

« Nous signerons, poursuivit-il, les articles de Florence, excepté ceux qui concernent la religion, et je conserverai les États occupés jusqu'ici. Vous satisferez à l'armistice et nous ferons la paix. »

Caleppi se récria devant des conditions aussi dures, et, reprenant une idée qui paraissait préoccuper son interlocuteur, il offrit en échange des cessions territoriales une compensation en numéraire pour les frais de la guerre. La discussion se prolongea fort tard sur ce point. Enfin, voyant qu'il ne pourrait obtenir plus de trois millions d'écus :

« Eh bien, conclut Bonaparte, j'accepte les trois millions d'écus, et je restituerai tous les Etats, excepté la province de Romagne. Ceci est mon *ultimatum*. Réfléchissez-y; nous nous reverrons dans deux heures. »

On protesta, mais en vain. Le prince de Belmonte fut envoyé en médiateur; il n'obtint pas davantage et revint bientôt prévenir les négociateurs que le général les attendait pour la réponse définitive. Ceux-ci insistèrent encore auprès de Bonaparte, demandèrent seulement trois jours pour expédier un courrier au Pape. Ce fut en pure perte. *Ou céder ou rompre*, fut le dernier mot du vainqueur. Force fut donc de céder. On parla alors de divers autres articles; puis la suite des conférences fut remise au lendemain, jour où Cacault devait arriver. En les quittant, Bonaparte invita les représentants pontificaux à préparer le projet de traité, et leur signifia son intention de le signer dès le jour suivant. De nouveau ils réclamèrent contre cette précipitation; mais « fermeté et prières », tout fut inutile; à chaque objection, le terrible général menaçait toujours de briser.

Avec Cacault, le samedi matin, la négociation devint encore plus difficile. Les plénipotentiaires avaient apporté le projet de paix demandé; il déplut et fut jeté au feu. Ce n'était pas d'un traité qu'il s'agissait, — leur fut-il dit cette fois, — mais « de la capitulation d'une place assiégée » et de nouvelles prétentions furent formulées. On voulait l'exil des notables de Rome et l'abandon de leurs biens à la République; Rome deviendrait port franc, ouvert aux seuls Français; enfin Bonaparte émettait sur les matières religieuses des prétentions exorbitantes. Il entendait que la France eût dans le conclave le droit d'exclusive, non seulement du cardinal candidat à la tiare, mais encore du cardinal déjà élu pape. Pareille prérogative était inadmissible, comme aussi sans précédent.

Caleppi, qui dès l'origine était, on s'en souvient, peu favorable à une entente, avait néanmoins tenu à négocier en toute loyauté; bien que chacune des exigences nouvelles le confirmât dans ses craintes, tant qu'elles n'avaient lésé que le pouvoir temporel du Pape, il avait protesté, puis cédé. Mais l'attaque venait d'être portée sur le terrain religieux. Là on pouvait, là on devait résister, — ce qui convenait à merveille d'ailleurs à l'ardeur de son tempérament. Aussi, arrêtant immédiatement le général, lui déclara-t-il tout net que le privilège qu'il réclamait était contraire au droit ecclésiastique, et que ni lui ni aucun autre ne saurait jamais l'obtenir[1].

Surpris de cette insistance, Bonaparte résista, menaça, tempêta. Cette fois, ce fut le négociateur du Pape qui devint inflexible. Alors, s'abandonnant à toute la violence de sa colère :

« — Eh bien, cria fortement le général, puisqu'il en est ainsi..., il n'y a plus de traité! »

Il déchira la feuille qu'il tenait à la main, et se leva avec vivacité. Caleppi se leva également, rappela la promesse d'un délai de quarante-huit heures pour informer le Saint-Père, puis, sans ajouter une parole, se retira, suivi des députés romains. Bonaparte sortit par une autre issue; mais les deux portes ouvraient sur un même salon d'attente, en sorte que les groupes de négociateurs s'y retrouvèrent en même temps. Le général, que la conduite de son adversaire avait d'abord déconcerté, mais qui s'était aussitôt repris, se dirigea alors vers Caleppi, et, brusquement :

« — M'affirmez-vous, du moins, que l'Empereur n'a pas le privilège que vous me refusez?

« — Il ne l'a pas, je vous l'ai déjà dit, général, répondit le prélat.

« — Eh bien, en ce cas, reprit Bonaparte, subitement calmé, je retire ma demande.

« — Maintenant, général, il est trop tard, repartit simplement l'envoyé du Pape. »

Et il passa au milieu de la stupeur générale[2].

Cette attitude fière confondit les envoyés pontificaux eux-mêmes, et Caleppi dut bientôt reconnaître avec regret qu'il avait trop présumé de leur fermeté. A peine rentré dans ses appartements, il subit de leur part des assauts et des prières qu'interrompit seule l'arrivée de Cacault, apportant l'ordre de Bonaparte de signer le traité dans la nuit même. Il était alors six heures du soir. La discussion reprit sur des points accessoires et se prolongea jusqu'à minuit, à travers des incidents divers parmi lesquels il en fut même de plaisants, — l'histoire présente parfois de ces contrastes. On parlait de la contribution de guerre dont une partie devait être acquittée en nature, et l'agent français réclamait trois

[1] J'ai recueilli le récit qui va suivre de la bouche du commandeur J.-B. de Rossi. Voy. aussi les *Mémoires* déjà cités de C.-L. de Rossi, chap. II.

[2] Bonaparte qui estimait ceux qui osaient lui résister avait conservé de Caleppi un vif souvenir, et lorsque, comme Premier consul, il traitait avec Mgr Spina, il lui demanda un jour de ses nouvelles, ajoutant : « Il a bien de l'esprit, ce gaillard-là. »

mille bœufs. Caleppi répondit qu'il ignorait si l'Etat pontifical, alors fort appauvri, pouvait s'engager à fournir ce chiffre, et qu'il fallait interroger le duc Braschi; mais celui-ci, brisé par la fatigue, s'était retiré. « Peu importe, dit-on, il faut l'appeler. » On réveille le duc, il refuse d'abord de se lever, puis il arrive, d'assez méchante humeur, et s'informe de ce qu'on lui veut. « Savoir si les Etats du Pape pourraient livrer à l'armée française trois mille bœufs », lui fut-il répondu. A ces mots, le duc perdit patience : « Comment, s'écria-t-il, c'est pour six mille cornes qu'on vient déranger un gentilhomme! » Cacault, piqué au vif par la boutade, entra en fureur à son tour, et il ne fallut rien moins que l'intervention du cardinal Mattei pour l'apaiser. On s'avisa enfin que les buffles portaient également des cornes et qu'ils pourraient compléter, s'il en était besoin, le nombre des bœufs.

Mais ce n'étaient là que questions de détail, et pendant qu'elles s'élucidaient, les négociateurs pontificaux étaient encore en dissentiment sur l'opportunité même du traité. Caleppi tenait toujours qu'un traité, quel qu'il fût, donnerait un titre à l'usurpateur et, de plus, dépouillerait le Saint-Père des ressources dont il aurait un pressant besoin au cas où il voudrait s'éloigner de sa capitale. Les trois autres plénipotentiaires, par contre, se montraient plus effrayés par le péril présent, par l'ordre déjà donné à l'armée de marcher sur Rome : elle était assoiffée de butin, toutes les choses sacrées seraient exposées à la profanation; fallait-il donc, disaient-ils, en brisant précipiter ces malheurs? Et pendant la matinée entière du dimanche, ils firent valoir ces arguments auprès de leur trop intrépide collègue. Devant cette résistance unanime que rien ne parvenait à vaincre, Caleppi dut renoncer à une politique dont l'union des efforts pouvait seule assurer le succès et, se faisant à lui-même une violence telle que sa santé, d'après le témoignage de son secrétaire, eut longtemps à en souffrir, il se rendit enfin. Le sort en était jeté, et le traité fut signé, le 19 février 1797.

Ainsi parvenait à son terme cette longue et épineuse négociation. Vue d'ensemble, elle présente un intérêt qui dépasse singulièrement la portée des incidents qui lui donnèrent naissance. Il ne s'agissait pas là, en effet, d'un traité ordinaire réglant des intérêts entre deux puissances, et ce n'est pas pour quelques lambeaux de territoire ou quelques millions que l'on discuta pendant neuf mois entiers. Entre le Souverain Pontife et le gouvernement français, la lutte véritable était engagée sur une des questions les plus hautes qui puissent intéresser l'humanité : je veux dire la liberté religieuse elle-même. Dans ce conflit qui ne devait être d'ailleurs que la première rencontre du Pape et de la République française, le Directoire prétendait contraindre l'Eglise à une soumission sous la forme d'un désaveu, tranchons le mot, à une capitulation; l'Eglise résistait avec une calme et indomptable énergie.

De là le réel intérêt, de là aussi l'allure inattendue, il faut le reconnaître, de la négociation. Elle traversa quatre phases successives : deux fois le Directoire l'avait entamée — et, à Paris comme à Florence, tout avait été rompu, — deux fois Bonaparte y avait mis la main — et chaque fois il avait réussi : à Bologne, il jetait les bases de l'entente qu'il devait conclure à Tolentino. Cette coïncidence n'était pas l'effet du hasard. Etait-ce déjà l'étoile du futur empereur qui se levait à l'horizon? Peut-être, en ce sens du moins que, sous l'influence de son esprit pratique, il poursuivait dès lors les réalités plutôt que les utopies. Les directeurs étaient sectaires; s'acharnant à exiger du Pape des concessions doctrinales inadmissibles, ils s'étaient brisés. Bonaparte n'apporta pas de haines à la discussion; prudemment il abandonna tous les articles relatifs aux questions religieuses pour n'exiger que des sacrifices matériels; le Pape céda. Ses Etats étaient ruinés, mais la religion demeurait sauve et une héroïque défense ajoutait une belle page de plus à l'histoire du Pontificat romain.

. . . .

Si, pour clore ce chapitre d'histoire, nous voulions résumer la diversité d'impressions des négociateurs, il nous suffirait de pénétrer dans leur cabinet après qu'ils ont déposé leur personnage officiel, et de lire ce que l'un et l'autre confiaient au papier.

Bonaparte, fier de sa victoire, en rendait compte aussitôt au Directoire [1]; il énumérait avec complaisance les avantages obtenus : trois provinces, Bologne, Ferrare, la Romagne, « tout ce qu'il y a de meilleur dans l'État ecclésiastique », et 30 millions de contributions de guerre. Puis il ajoutait ces mots qui auraient singulièrement accru la douleur de Caleppi en justifiant ses craintes : « Mon opinion est que Rome ne peut plus exister; cette vieille machine se détraquera toute seule. Je n'ai point parlé de religion, parce qu'il est évident que l'on fera faire à ces gens-là, par la persuasion et l'espérance, beaucoup de démarches qui pourront être alors vraiment utiles à notre tranquillité intérieure. Si vous voulez me donner vos bases, je travaillerai là-dessus... » Toutefois, à travers la joie du succès, le souvenir des quelques concessions qu'il a faites paraît le troubler un instant : « Enfin, écrit-il encore, il est possible que je me sois trompé dans le parti

[1] *Correspondance de Napoléon*, 1510.

que j'ai pris; mais on ne m'accusera pas d'avoir sacrifié à ma gloire l'intérêt de ma patrie. »

La plume du prélat est plus sobre. Caleppi ne voit que les capitulations arrachées, les sacrifices accomplis. En renfermant les pièces de la négociation dans le dossier même d'où je les ai extraites, il écrivait sur la première feuille :

Pace di Tolentino 1797

et, au-dessous, ces mots significatifs :

Oh Dio! Che pace!

Sans se laisser illusionner par les assurances de Bonaparte qui s'empressait, au soir de Tolentino, d'écrire au Pape que la République française allait devenir « une des amies les plus vraies de Rome[1] », Caleppi semblait dès lors pressentir quelque drame. Combien il était loin pourtant de percer le mystère du plus prochain avenir!

Le 20 février 1798, les dernières rumeurs d'une nuit de carnaval s'éteignent à peine sur la ville, quand un carrosse s'arrête, à l'aube, devant l'entrée du palais pontifical. Au ciel, l'orage gronde et les éclairs déchirent la nue; les chevaux piaffent avec impatience. Enfin les portes s'ouvrent, et le Pape sort, bousculé par des hommes d'armes. Malade et épuisé, le vieillard se plaint doucement et prie qu'on ait du moins pitié de ses quatre-vingts ans et de ses derniers jours. — « On meurt partout », lui est-il répondu, et le carrosse s'ébranle. Pie VI quittait Rome pour toujours!

Comme par un jeu cruel de la destinée, cette scène se passait un an, jour pour jour, après la signature du traité de Tolentino.

[1] *Correspondance de Napoléon*, 1512.

www.ingramcontent.com/pod-product-compliance
Lightning Source LLC
LaVergne TN
LVHW010055230826
846091LV00005B/1946

* 9 7 8 2 0 1 3 3 8 1 8 1 9 *